自療人生

勇敢面對直到看見希望

阿濃的推薦

赤裸裸的心靈獨白。

不是小說的小說。

一個不屈的靈魂在苦難中掙扎求存的故事。

陰霾中見到陽光，希望蓋過了絕望。

認識小書的人，會驚詫於她是這樣的珍惜生命，

做出了如此豐盛的人生筵席。

著名兒童文學作家——

阿濃

阿濃與小書（攝於 2023 年香港書展）

我是作家小書

2023年初，我到精神科私家醫生診所求診；然後至今，我定期要到公立醫院的精神科覆診。

現在，每天晚上我會服用兩錠舍曲林，一錠 Remeron 和一錠 Lorazepam。

讀者們，看完以上的自述，你們會否已經悄然戴上有色眼鏡？

2024 年初，小書接受訪問時留影。（特別鳴謝《溫暖人間》提供照片）

目錄

自療人生 勇敢面對直到看見希望

2023

回顧 2023 年，我選擇了從手機的照片簿入手。記憶有限，我知道重要的我都已經拍下來；科技偉大，隨時紀錄，真方便！

首先看到的是 2022 年 12 月 31 日晚上，我在最愛的串燒店吃晚餐，照片中我捧著一串燒菠蘿。

之後是一些新年市集工作的隨拍、小書舍結業清店、園藝課、第一次嘗試親手割的水仙頭已長出長長的綠葉……然後，吸引我眼球的，是一張堆滿藥丸的照片。

雜七雜八的相簿中，有花、有人、有書、有酒、也有 Excel 表，每天忙忙碌碌，人前人後，生活如常。

然後，又過了幾個星期，又一張堆滿藥丸的照片，這次不只白色的，也有粉紅的、桃紅的、淺黃的……

最後一張藥丸照在 2 月中拍攝，這次有更大的幾顆，

有膠囊的、有三角形的、有大圓的、
也有小圓的，一共 42 顆。

我終於記起自己那些已從手機刪除的照片──從高空向下俯瞰、大廈的天台、天台上的陰天……

心頭一緊，這年度的回顧，我看還是罷了。

告別這一年，我慶幸，真的十分慶幸，接下來我還有 2024。

2023 年，我得到了最厚重的禮物──明白「能活著就是福分」。

你好，2024。

自療小筆記：

小書是一個完美主義者，經常覺得自己做得不夠好。這幾年，人大了、經歷多了，漸漸學懂欣賞自己。回頭看，我很努力，沒有浪費時間，有好好愛人、愛自己。當我們努力成為更好的人時，周遭的一切也會跟著變好。

額角上的疤痕

暴怒的媽媽把女兒從診所拉出去。我掙扎，但九歲的我敵不過四十歲的她，逃不了。媽媽一手扯著女兒的頭髮，一口連珠爆發的狠罵。我淒厲地哭喊著，沒引起媽媽絲毫的惻隱，沒有路人在意，打罵孩子是別人的家事，如果是個好東西，怎會惹怒媽媽？

我的呼救一直持續，直至媽媽把我的頭猛砸在石壁上，直至鮮血毫不留情地從額角流下。

我終於停止哭喊，被淌血不止的傷口嚇得不知所措；她終於停止狠罵，她已經耗盡力氣，心滿意足。

已記不清是誰把我領到附近的診所，醫生問我是怎樣受傷的，媽媽在旁狠狠的瞪著我。

「我自己不小心在公園撞到。」我知道一定要向醫生撒謊。

「幸好傷口不大，如果把傷口縫上，應該不留疤痕的。如果不縫針也可，用防水消毒膠布密封，但就免不了會留下疤痕。」醫生說。

一想到縫針和拆線的痛，我便害怕得不斷顫抖，腦海中浮現幼稚園時躺在手術床上的情景：眼前只見刺眼的手術燈，六個亮白的圓點令我渾身顫抖。

「用膠布好了！」在診症室中，媽媽就只說了冷冷的這一句。

用膠布好了，就這樣，我的額上留下了一記永不褪色的烙印。

自療小筆記：

有些事情一旦發生就無可挽回，有傷痕會深深地扎在你的心裡，時刻提醒著你曾怎樣被人傷害。It's OK Not to be OK，有時候，我們不 OK 是 OK 的，重要的不是你傷得有多深，而是你從中學到多少，如何防止悲劇重演。

幼稚園裡的意外

幼稚園時期的小書

小時候，家住慈雲山那些舊式十多層的公屋，每天早上媽媽都會拖著我的小手步行十多分鐘到鄰邨的基督教信生幼稚園上學。老師們和校長總是風雨不改的站在門口迎接我們，至今我仍記得她們的笑臉。

記得有一年，我在幼稚園的活動室發生意外。活動室的正中央擺放著兩張小圓桌，當時我拿著一支玩具笛，一邊吹奏一邊圍著桌子跑，突然後面的小朋友把我一推，碰到了我，再往下的記憶已是我躺臥在手術床上望到那很多圈圈的手術燈了。我對這意外的記憶就只有這些，其餘的都是從媽媽口中得知。

據她說，意外發生在當天放學後，她發現無論怎樣我都不肯張開口吃東西，最後她只好命令我張開口，她說當時只見我整個喉嚨都破損了，正在淌血，於是匆忙送我到急症室。媽媽說我的喉嚨被縫了數針，她也很奇怪為甚麼那天放學後到動手術時我都沒哭過半點。但更令我感到奇怪的是，媽媽不但沒有投訴幼稚園的老師看管不力，她甚至沒有向老師們提及此事。

永不磨滅的心理陰影——我是品學兼優生嗎？

保良局總理聯誼會第四小學（簡稱四小），是我當年就讀的小學。由於方便的緣故，我家三姊妹都是讀這所小學的，幸好兩個姐姐都比我年長很多（一個五年、另一個九年），而碰巧教我的老師很多都是新入職的，因此他們大多不知道我兩個姐姐都是這所小學的畢業生，那就免卻了很多互相比較的麻煩。

一年級的時候我遇上了像天使般溫柔的衞老師，她是我的班主任，至於她是教甚麼科目的，我早已不記得了。衞老師常常穿著白色襯衣和深色長裙子，胖乎乎的臉上架著一副黑膠框眼鏡，她的聲音十分溫柔，每次跟我說話總讓我感到無比的溫暖。在一年級學期末，衞老師向我們宣佈她要移民到外國的消息，可能是我年紀太小的緣故吧，根本不知道別離是一件怎樣的事，我對於她要離開並沒有太大的感覺，只記得她贈我一本小書，書的封面是

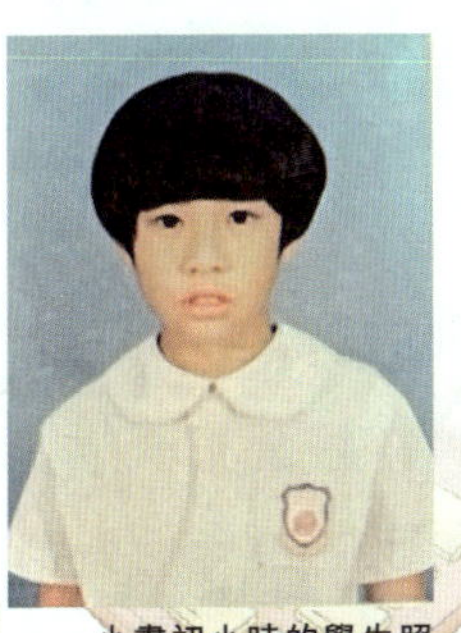

小書初小時的學生照

一個金色的機械人在介紹著甚麼似的，而書的第一頁有她的提字和簽名。那本小書早已給媽媽丟掉了，但衛老師卻永遠在我心中。

四年級的時候，我遇上了一位年輕風趣的中文老師，卻也同時遇上了兇巴巴的英文老師。那位年輕風趣的中文老師姓張，她的課總是充滿歡樂的，上中文課時我總是格外留心。我的中文成績不是特別好，我不知道為甚麼、更不知道從哪時起我成了她最偏愛的學生之一。為甚麼我知道呢？很多時候張老師也愛拿我的作文為例子供同學參考，她也常常送我小禮物，例如橡皮擦和貼紙等等。我知道在張老師心目中我是一個又乖巧又有禮貌的好學生，我亦一直很樂意和很努力地去擔演這個角色。

而那個兇巴巴的英文老師呢，就是曾老師了，她是我的班主任。曾老師低沉而倔強的聲音總令我感到害怕，而她長長厚厚的頭髮中夾雜了很多白髮，更教人望而生畏。由於曾老師是我們的班主任，她對我們的管束特別嚴格，動輒罵我們。很記得有一次，那是一個考試後的夏天，放暑假的輕鬆心情早已籠罩整個校園，轉堂時的班房特別吵，每個學生都在跟鄰座的同學聊天，我也不例外。突然，曾老師探頭進來，全班同學立即安靜下來，我心想，她一定會狠狠的罵我們一頓了！殊不知原來她只是衝著我而來，她當著全班同學面前說：「盧嘉雯，你今次數學考試不及格，你還敢跟同學聊天？」我頓時面紅耳赤，垂下頭望著桌子，感覺就像被打進了十八層地獄似的，她嘴裡吐出的每一個字，多年後我仍牢牢記住。

到了五年級的時候，上天好像很眷顧我似的，因為張老師當了我的班主任，而我亦知道五、六年級的班主任大多會由同一位老師擔任的，一想到這裡我便更高興了！一如以往，張老師仍是十分寵我，她委任我為班長，這可是我人生中第一次擔任這麼重要的職位呢！不知是否因為張老師的緣故，我的成績一直進步，每次考試總是名列班上頭四名之內，雖然我讀的不是精英班，但我的成績早已能躋身精英班之列了。那時候我成功在張老師心目中建立了「品學兼優」的形象，每個學期完結時我都可以拿到品行優異獎，好不風光。

可惜剎那光輝真的不能永恆，六年級上學期的家長日把我在張老師心目中那品學兼優的形象徹底粉碎。仍記得當天早上吃過早餐後，媽媽命令我要吃過維他命丸才可出門，但我根本沒有生病為何要吃藥丸呢？於是便一口拒絕了，大概我當時的態度是很惡劣吧，媽媽氣得摑了我一記耳光。整樽維他命丸撒滿一地，我哭著逐一拾回樽內，媽媽則在旁恐嚇我，說待會兒見家長時一定會向張老師參我一本！聽到她這樣說，我只有哭得更厲害。

終於到了見家長的時候，媽媽像復仇似的把我平日在家中對她不禮貌的情況逐一告知張老師，我邊聽邊落淚，心想這一次完蛋了。果然，張老師完全相信我媽媽的陳述，她不但沒有安慰我叫我不要哭，而且還像恍然大悟似的說了一句「原來盧嘉雯是這樣的！」自此之後，張老師不再寵我了，最明顯的例證莫過於我失落了六年級品行優異獎的寶座。張老師對我的誤解教我一直耿耿於懷，但我大抵還是要多謝張老師的，因為沒有她的鼓勵我就不會那麼努力讀書，我就不會升到一間第一組別的中學。

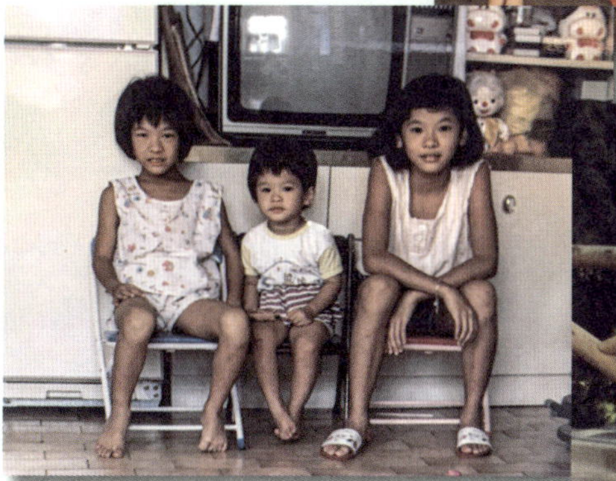

自療小筆記：

有人用童年治癒一生，有人用一生治癒童年。荷里活巨星韋史密夫（Will Smith）在家暴環境中長大，爸爸長期酗酒，九歲時親眼目睹爸爸將媽媽毆打在地吐血的模樣。當時無力保護媽媽讓他非常愧疚，他在自傳中坦承，長大後憑著努力得獎並獲得大眾肯定的目光，都是為了給媽媽一個道歉。

媽媽

誰小時候沒給父母打過、責難過？媽媽的脾氣很大，動輒便動手打人，大家姐、二家姐和我無一倖免。媽媽常對我說：「你已是三姊妹中被打得最少的那一個了！」但明明自己被打的童年記憶就給佔去了一半，我真的被「打得少」嗎？

在家的時候，幾乎每天都給她罵，她也不時動手打我，因為姐姐都長大了，大概我就是剩下來的唯一發洩對象吧。掌摑、牙咬、電話線、剪刀，甚麼可以作武器的都會用上。

四年級的時候，媽媽爸爸要到外地旅遊，她怕姐姐照顧不了我，送我到公公婆婆家暫住數天，但我卻有千萬個不願意，在街上哭哭鬧鬧，媽媽一怒之下一手扯著我的頭髮，往路邊一堵石牆一推，我的右額立刻血流如注，留下了一個永不磨滅的小烙印。

我真的被「打得少」嗎？

媽媽容易為小事抓狂，事情一不合她心意便會大發雷霆。

從四年級起，我每個學期都是班內「品行優異獎」的得主，在學校裡我對老師們總是恭恭敬敬，是發自內心的尊重，大概是因為他們都是知識淵博、很有威嚴吧！媽媽時常質疑為甚麼我可以拿到這個獎，因為我在她眼裡並不是一個好孩子。

六年級的「家長日」，媽媽在我當時最喜歡和最尊敬的老師面前數算著我在家裡的種種不是，我站在教師桌前默默淌淚，當然，老師不知道那天早上媽媽因為我不肯吃維他命丸而掌摑我，也不知道媽媽是個怎樣的人，無論如何，老師把媽媽對我的劣評照單全收，還露出一臉「我終於看到你的真面目了」的訝異又失望的表情，我知道從今以後自己一定會被認定是個差勁的孩子。

結果，那次之後，「品行優異獎」從此與我無關。

畢業後曾經有一段時間我對此耿耿於懷，很想對那位老師澄清一切。

另外一些較深刻的情景是在飯桌上發生的。

那時候，我不喜歡吃青豆、豆角和苦瓜，媽媽當然知道，但每當晚飯桌上出現這些菜時，媽媽總會逼我吃。我曾經試過反抗，怎也不肯吃，結果我的下場當然是被打了，而且有幾次媽媽更激動得把筷子摔斷、把飯碗都打翻，白飯散落在桌子和地上。

突如其來的耳光和「藤條炆豬肉」是家常菜：「藤條」是媽媽在街市的雜貨店買的，幾塊錢就有一條，幼幼的藤枝的其中一端繫著小小的彩色膠帶，當媽媽用力揮動它的時候，它會發出「霍霍」的聲音。有一年學校旅行的前夕，我給媽媽用藤條打了一頓，大腿和小腿上留下了幾道瘀痕。小學的夏季體育服是套短衣短褲，為了不讓同學看見我的「藤條痕」，我小心翼翼的在每一道瘀痕上都貼上膠布，橫的、直的都有，現在我仍能從當天拍的照片清楚見到腿上那幾片突兀的小膠布。

有一次父親在外頭拿了一支他叫「家傳之寶」的東西回來，那其實是一條直徑約一厘米的藤棍，自此之後媽媽

就多了一件打我的法寶了。其實，只要是媽媽在生氣，任何在她附近的東西都可以變成攻擊我的武器。

媽媽與我們三姊妹

中學的時候，幾乎天天都會跟媽媽到樓下的餐廳吃早餐，試過無數次，我都是被媽媽破口大罵完、成為全餐廳的焦點之後，我才可以乘車上學去。我已不記得因甚麼事捱罵，也不記得我離開餐廳的時候是哭著的還是怎麼樣的，反正都不重要了。我記得在整個中學時期，打罵從沒有停止過，加上我步入了反叛期，很多時候對媽媽的指責都會「還口」，有好幾次我更與媽媽大打出手，結果當然是兩敗俱傷。

一直以來，搬出去自己住是我的心願。隨著自己年紀漸長，上大學以後，我開始用不同的方法去避免跟母親有正面的衝突。有一陣子，我每天放學回家之後都會立即跑到房間，也有些時候我會躲在校園的圖書館至晚飯的時間才回家，而在大學的最後兩年，我更是每星期有四、五天都在外面教夜校至晚上十時多才回家。那幾年母親沒有再用藤條打我了，但耳光還是不少，那時候我常常在想，究竟我何時才可以逃離她的魔掌？

大學畢業後，我跟當時的男朋友搬出去同居了，由黃大仙搬到天水圍。遠走的藉口呢，是我們都各自在天水圍區的中學教書，搬到該區，方便上班。

隨後有好多年的時間，一年之中，我都只是在冬至和過年才會回家。

我還記得媽媽轉述爸爸的話，說她令三個女兒都早早離家，不與他們同住。

我還記得媽媽轉述爸爸的話，説她令三個女兒都早早離家不與他們同住

自療小筆記：

前陣子跟媽媽逛超市，她想買旅行裝的漱口水卻找不著；今天，我在另一家超市見到，立即買下，準備給她。原諒別人就是放過自己，說著很輕鬆，做起來卻不容易；不如轉念一想：如果想飛得高，就得把地平線忘掉，我們無法改變過去，但可以改變看待過去的方法。

1E、2A、3A、4A、5A、6A、7A

我的中學校園生活是平淡卻又深刻的。由於在四小的成績不俗，我有資格升上同區的直屬中學——保良局第一張永慶中學（簡稱保一）。保一是一間十分傳統的英文男女校，校內推行精英班編制，予人「階級分明」的感覺。A 班是精英班，B 班次之，倘若你是讀 E 班的，不但老師會看不起你，就連你自己都會看不起自己。

在升中的暑假，我們一眾中一新生被召往保一的禮堂考試。年幼無知的我不知道為甚麼要考試，那當然是空槍上陣吧，我只想把它快快考完。一個月後，分班的名單出爐了，結果我被編進了 1E 班。雖然我當時仍未知讀 1E 班究竟是怎麼的一回事，但單是看 A、B、C、D、E 的順序，我就知道自己不是在精英班之內了。

在 1E 班的一年我總覺得自己飽受歧視，尤其是來自於班主任的。1E 的班主任是個教數學的中年男人，由於我數學不好，一年四次的測驗考試我都只能拿到三十多分，從表情以至語調我都發現這位班主任是覺得我愚蠢不堪的。不知道是否因為被標籤的關係，我總是十分在意自己的成績，考試前夕我總會廢寢忘餐地溫習！那時候，我

初中時的小書

沒有自己的房間，家人也不會因為我考試而遷就我把電視音量收細，我只好在廚房溫書，有好幾次我溫習至深夜不肯睡，被媽媽罵得哭著也要繼續溫下去。幸好我的努力是有回報的，中二我終於升到了 A 班！自始以後的六年我都是讀 A 班，2A、3A、4A、5A、6A、7A，多麼的威風啊！

讀了 A 班以後，我頓時覺得自己的際遇好了很多。也就是在讀 A 班的第一年，我認識了我很尊敬的梁永傑老師。梁 Sir 是教中史的，高高瘦瘦的他總給人一種高深莫測的感覺。我不怎麼記得梁 Sir 的課堂時光，只隱約記得他很喜歡在堂上小測，而我們不知為何都很樂意測驗，絕少有怨言。

從中四到中七梁 Sir 都教我中史，隨著時日我對他的了解愈來愈多。梁 Sir 之所以是瘦瘦的，原來是因為他遺傳了嚴重的糖尿病，他要在肚皮的位置插入一條小管，連接他用皮帶繫於腰間的一個小盒子，那叫做胰島素機（曾經有好一陣子我們都以為它是梁 Sir 的傳呼機）。他曾經在課內把他肚皮這個小傷口的照片給我們看，看了以後我們心裡都覺得他很可憐，但他倒像沒甚麼大不了似的，還告訴我們由於日子太久了，那傷口附近的皮肉早已失去知覺，是不會痛的。

記得有一次我們幾個同學跟梁 Sir 一起外出吃午飯，飯菜被端來後，梁 Sir 便拿出一支類似小電筒的東西放在手指頭上，「啪」的一聲，他手指頭便冒出了一顆如小豆的血珠，他熟練地把血液點在一張長方形的小紙上，然後便開始吃飯。基於禮貌的緣故，我們都收起了驚訝的表情，不敢問他那是甚麼的一回事，但他卻好像早已看穿了我們似的，邊吃邊向我們解釋。他說每次吃飯前都要先滴血測試一下血糖的度數，來決定進食的分量，否則血糖稍有偏差他便會感到暈眩，影響工作。我真的十分佩服他，你怎可能想像每次用餐前都要先用針刺自己一下才可以進食呢？

1E 2A 3A 4A 5A 6A 7A

儘管梁Sir的身體狀況不佳，他從來都沒有因病告假，而且他每天總是最遲離開校園的老師。當時我每天的放學時間是三點半，學校規定老師最早三時五十分就可以下班，而學校五時就會清場，學生一定要離開。由於中五、中七都是公開考試的級別，學生們可以留在校內溫習到七時多，很多時候當我離開校園，都會見到梁 Sir 仍在走廊經過，或是在圖書館工作。在我心目中，學校好像就是他的家，他彷彿就是睡在學校某處似的。

梁 Sir 也十分喜歡在課餘的時間跟我們活動。讀預科的時候，他曾經帶我們十幾位中史科的同學到壽臣劇院看一齣叫《山村老師》的話劇，這是我人生中第一次看話劇。他也曾經帶我們到他姊姊位於東涌的家作客，又跟我們到附近的酒樓吃晚飯。又有好幾次我們辦了一些班會踏單車和燒烤的活動，雖然梁 Sir 並沒有參與，但他總會像「探班」似的在活動場地出現並祝我們玩得愉快一點。

在這四年間年我深深體會到他對學生的關愛，而亦是因為他令我立志要成為老師。在心底裡我是十分敬重他的，我時刻夢想長大後可以以他為榜樣做一個既受學生愛戴又不失威嚴的老師。於是往後的路我也是朝著這個方向走。

自療小筆記：

第 16 任美國總統、黑人奴隸制的廢除者林肯說過：「與其跟狗爭辯，被牠咬一口，倒不如讓牠先走。否則就算宰了牠，也治不好你被咬的傷疤。」20 世紀初的美國財政部長麥卡杜有著多年的從政經驗，他曾經說過：「你不可能用辯論擊敗無知的人。」

你終究會明白，最好的發聲方式，莫過於少說話，做好自己。

記住，別跟不同層次的人爭辯啊！

沉默的療癒——
讀托芙·迪特萊弗森「哥本哈根三部曲」

2022 年 4 月，華文界終於迎來了托芙·迪特萊弗森（Tove Ditlevsen）的「哥本哈根三部曲」，繁體中文譯本分三本陸續出版（首兩部的英譯本於 1985 年出版，而第三部曲的英譯則以結合首兩部的姿態於 2019 年出版）。在中譯本平凡的封面上，「童年」二字閃閃發光，倘若你是書店的常客，你不難發現近年出版的書，書名連副題彷彿都比長城更長，簡潔的書名瞬間成了書叢中的星星。

出生於 1917 年的一個哥本哈根工人階級家庭，托芙·迪特萊弗森是丹麥的國寶級作家，在世時她的詩文創作早已在丹麥文壇獲得肯定，曾獲頒發給傑出貢獻的丹麥女性的旅遊獎學金（Tagea Brandts Rejselegat）和丹麥文壇最高榮耀金桂冠文學獎（De Gyldne Laurbær）。她十歲就開始寫作，20 出頭便出版首部詩集，一生著作近 30 本，童年經歷成為她作品的重心。

我從來抗拒「追看」這回事，但自從 4 月讀過了《童年》，5 月遇上了《青春》之後，盼到 7 月，我終於等到《毒藥》。絕大部分的評論認為三部曲是托芙的自傳式小說甚至是回憶錄，但她本人卻在一次訪問中說「一切都是杜撰的」。我想托芙說的是，她一生都不能把生活與創作分開，文字就是她，她就是文字。

對愛情和寫作的追求和渴望，佔據了托芙一生的心力和時間。18 歲時，詩作首次被文學雜誌刊登後，托芙因此認識了第一任丈夫維果．F．莫勒爾──《野麥子》的主編，一個她當時認為把她心裡的快樂召喚出來的男人。20 歲的她下嫁 53 歲的他，在維果．F 的協助下，托芙如願出版了第一本詩集《少女心》。最初，父輩式的威嚴把托芙從青春的迷失中拯救出來，掙脫疏離的家庭、格格不入的人際關係和刻板的工作。然而婚後當她漸漸發現，與維果．F 共處時自己的勇氣「開始如沙漏裡的沙子一般，莫名地流瀉」，甚至覺得「寫作就像童年時做過的一些秘密的、被禁止的事，是一件充滿羞恥，必須躲到角落、在沒人看見時才做的事。」她原來早已準備好摧毀兩人之間的一切。

渣男皮亞特的出現結束了她與維果．F「一場誤會」的婚姻，她搬進了皮亞特安排的房間暫住，這是她自 18 歲擺脫家庭而自己租住房間以來，第二次擁有自己的房間和一台打字機，「而我依舊如所有的少女一樣，渴望著一個家、一個丈夫和幾個孩子。」儘管滿身傷痕，「被愛」仍然是她當時最殷切的盼望。

又幾回的誤打誤撞，托芙似乎終於可以找到感情託付，這一次她遇到一個28歲仍然依附母親的大學生艾博。他倆迎來了一個生命，然後同居，然後結婚。女兒的出生沒有帶來預期的幸福，倒是托芙繼續寫作和出書，開始賺愈來愈多的錢，卻又反過來加深艾博的自卑感，他知道托芙是名人，自己不過是一個終日沉淪於酒精、距離大學畢業還很遠的學生。托芙再次懷孕和墮胎的打算，終於讓卡爾輕易地把她從軟弱不濟的艾博手中搶過來，畢竟卡爾是個醫生，更關鍵的是他手上握著注滿可以讓托芙忘我地愉快的針藥，連她自己也知道她愛的是針筒裡的液體，而不是擁有針筒的那個男人。

廝混在成癮的針藥、腐朽的健康和精神失常的丈夫之間，托芙領養了卡爾與另一個女人生的嬰兒，也誕下了她與卡爾的寶寶，成了三個孩子的母親。她把自己的性命和收入交託卡爾，孩子的生活則全交託於保母，在迷霧與清醒之間勉強完成了一些作品，直到自己無法感受四季、覺得地獄在人間、無法再創作的時候，托芙終於被送進戒毒所。

「愛情的可怕在於，你對他人完全失去了興趣。」一生都在追逐愛情，糾纏於婚姻與寫作之間的托芙．迪特萊弗森，當她從毒癮中掙脫第三任丈夫卡爾、從戒毒所回家後，旋即瘋狂地愛上維克多，同時又重投「保泰松」和「杜冷丁」的懷抱（兩種讓她成癮的止痛藥）。愛情和藥物沒有如托芙預期般把她從無形的悲傷中解脫，而是讓她陷入下一個結婚與離婚的痛苦迴旋之中。

如果你還沒有讀過托芙．迪特萊弗森的「哥本哈根三部曲」，你可以先從她一敗塗地的婚姻和感情開始，再慢慢回溯她的成長，也可以像我一樣把三部曲反覆閱讀。

《童年》裡的好一些片段，每次讀起來總有一種似曾相識的、讓人揪心的痛，托芙說「童年就如一副長而窄小的棺木，只靠自己是無法逃脫的。」她的童年擠壓在兩次世界大戰之間，父親數度失業、要靠失業金過活，托芙要羞愧地背著小書包排隊買過期麪包，在那重男輕女的時代，父親的話語有一錘定音的重量：「別痴心妄想了，女人是不可能成為詩人的。」哥哥拿著她的詩本無情肆意恥笑，而在生活中跟她接觸最密切的媽媽喜怒無常，彷彿托芙就是個天生討她厭煩的角色。在只有六歲的時候，托芙就知道她必須壓抑真實的自我，擔當小丑的角色取悅媽媽。

「大部分的女人都能對男人散發一種難以抗拒的吸引力，只有我不行。」童年的羞愧與自卑就這樣順理成章地跟著托芙由童年過渡到 14 歲的成年禮。托芙沒有繼續讀書，而是躍身墮入青春歲月的迷失之中，展開了工作生涯，再一次她將自己的人生奉獻，符合了母親無情的願望：盡快出外打工，也要趕快把自己嫁出去，這就是托芙的《青春》。

相對於托芙在文學上的成功，她背後的故事同樣發人深省。我把三部曲一讀再讀，每一本都讀了三數次，讀起來全都是痛：是成長的痛、是作為女性的痛、是階級的痛、是時代的痛。而深刻觸動我的是當托芙在承受著這些沒完沒了的椎心之痛時，她沒有呼天搶地，而是淡然平靜，彷彿文字有著撫平她每一道傷口的奇妙力量，她就是要透過倔強頑固的書寫向讀者展現她如何應對生命中的麻木與無奈，展示文字強大的療癒力量。

《童年：哥本哈根三部曲 1》
《青春：哥本哈根三部曲 2》
《毒藥：哥本哈根三部曲 3》
作者：托芙・迪特萊弗森（Tove Ditlevsen）
譯者：吳岫穎
出版社：潮浪文化

自療小筆記：

英國修適士大學研究發現，每天閱讀 6 分鐘就能減少三分二以上的壓力，效果比聽音樂或散步還好，因為閱讀時精神集中，從而緩解肌肉緊張，降低心率。除了在閒暇時閱讀，小書每晚都會在睡前閱讀，床邊總有幾本書，讓我隨心而讀，更有助入眠。

從上大學到當教師

大學的階段是我真正領略到學習樂趣的地方。我在浸會大學讀人文學，同時也在浸大完成了通識科教育文憑。在四年的大學生涯中，我真正體會到讀書的樂趣，我很喜歡躲在圖書館中看書、溫習和做論文。在大學我有很大的自由去選讀自己喜愛的科目：性別研究、老莊哲學思想、香港歷史、婦女史和宗教研究等，全都是新鮮而有趣的。由於可以讀到自己喜歡的科目，因此我各科的成績都不俗，最後還僥倖地以一級榮譽畢業，拿了當年的 Scholastic Award。

我找教席的路不難走，當時我只寄了大約 60 封信，當中三封有回音，我參與了其中兩個面試便覓得一教席了。當時約我面試的兩間學校都是位於新界西，其中一間（即我後來任職的中學）是位於天水圍的。面試當天我懷著戰戰兢兢的心情走到了我從未踏足過的天水圍，接見我的是一位大約 30 歲的女教師，我想她一定是通識科的科主任了。她叫我用英語作自我介紹，又問了我一些別的問題，言談之間我發覺愈來愈不對勁，因為她只側重於詢問有關我大學時兼職教成人英語班的經驗，又問我拿英文教師基準試的成績單來看，而且一點有關通識科的問題都沒

問我。最後，我打開裝滿實習時用過的通識教材的文件夾，準備給她看時，連她自己也呆了一會，這時她才說她是英文科主任，而不是通識科主任呢！我起初也以為是自己攪亂了，因為我通過了英文基準試，所以我也同時在找英文科的教席，但當回家後翻閱自己的剪報時，我十分肯定我向那間學校申請的是通識科教席呢！

大學畢業了

中華基督教青年會中學是我第一所任教的學校，是一間英文直資中學，由於我一心想好像梁 Sir 一樣當一個能感染學生的教師，我覺得教甚麼科目也不重要，所以我就接受了這間學校的聘任，成為了那裡的英文科老師。

最初媽媽知道我要由黃大仙搬到天水圍居住，並在那個被傳媒定性為「悲情城市」的地方教書時，她十分擔憂，可是在我的堅持下，她也只得讓步。其實我也為自己擔心，我怕天水圍的學生難教，而且也怕當中有很多壞分

子。然而，我的擔憂在開學後的數個月便消除了，學校的學生大多都很乖，操行問題固然會有，但大抵都是欠交功課、上堂不留心等小問題，絕對不如我想像的如童黨一般可怕的問題。

由於人手短缺，第一年入職的我便要教中四的英文科，即最後一屆的會考生，我教的是 4E 班，是全級英文最差的班別。在他們中四、中五這兩年，我每逢假期都會跟他們補課，見證著他們連 A 至 Z 都不懂，到最後主動作一些句子和文章給我批改，我自己也十分高興。雖然後來他們 30 多人當中有 11 人英文會考不合格，但我都被他們努力付出過而感動。

除了教高中之外，我那四年也有教中二級的英文。老實說，我是很喜歡跟初中學生相處的。教書以來覺得自己最成功的地方就是說很多笑話逗學生們笑，令課堂沒那麼沉悶。可是現實歸現實，雖然初中的學生不用承受公開

考試的壓力，但校內考試也是不容忽視的。連續四年用同一本英文教科書，連續四年教同樣的課程內容，當然我有用不同的方法教學，但我看到的是學生根本不想學這些，更何況學了這些後他們的英文也不見得有進步！但礙於制度，我只得把預定的課程趕忙在每個學期內教完，在考試前多發幾份工作紙給他們，教他們完成後便送他們上試場。從考試數據來看，我教的班別成績不俗，但這又代表甚麼？他們的英文真的好了嗎？這個問題一直困擾著我，自某個學年起，我漸漸對那樣的教學方向覺得愈來愈抗拒了。

後來，我開始當起直資班的班主任（由於我校剛轉行直資模式數年，故一級只有兩班是直資學生）。這群直資班的學生多數來自較富裕的家庭，父母的學歷都較高，可是他們多沒有空照顧自己的孩子。這群孩子都有一個特性，就是他們都很聰明，但都給父母寵壞了，想要甚麼便有甚麼，唯獨是不想讀書。作為他們的班主任，我天天都像跟他們角力一樣，雖然我已盡量把一些他們感興趣的元素放到課堂中，如聽歌、自由創作和看電影等，但我大抵不可以經常做這些，否則父母一定投訴我不好好教書，科主任和校長也一定會拿我去問話，甚至「就地正法」。有時我更會失去耐性，喝罵著，命令他們聽他們不太想聽的東西，把他們不太願意做的推給他們做。究竟這樣做有甚麼意義呢？一輪威迫指罵後，他們的確懾服在我的權威下，但我卻沒有絲毫的成功感，只有無限的痛苦和無奈。

隨後的一個學年，這種痛苦的無力感有增無減，更甚的是有家長向學校投訴功課不夠，校長下令全校各班每天都要把功課表輸入班內的電腦中，以便監測哪一班的功課量不足。天啊！我們學校的學生五時才放學回家，第二天早上七時多又要起床上學，哪裡來時間和力量做那麼大量的功課呢？多功課就等於好的嗎？老師按學生的程度給適量的功課不是更合理嗎？

我發現自己的教學態度改變了，我不再喜歡這所學校。學校規定老師每天都要到一樓的校務處簽到和簽走，但我每天回校後總是直上二樓的教員室，印象中我那個學年好像只簽過到數次。我不知道不簽到會有甚麼後果，但我總是不想到校務處，因為我知道在那裡我會見到一些主任、副校和校長。我也一天比一天早離開學校，初來這裡教書的時候，沒有八點我都不會離開學校的，後來很多時候我未到六點便會奪校門而出。那份在校園內的壓迫和痛苦真的令我很難受，我只想學期快快結束，離開這間學校。

自療小筆記：

活得自在的人，都是因為學會了兩件事：珍惜與捨得。有捨才有得，世界無限，想要自己的人生有所作為，就要先跳出自己設下的框框。

用餘生讀書

承先啟後，如果埃利希．薛曼的《帕帕拉吉！劃破天空的文明人：南太平洋酋長眼中荒謬的現代文明》是先，伊塔羅．卡爾維諾的《看不見的城市》是後，廖偉棠先生的書評寫得好，但一定要先讀完全書才讀，你會驚嘆編輯觸覺敏銳，鋪排如此妥貼。

人類學考察，現代人輕鬆地讀可以完全抽離，像故事般看出趣味；但當知道它的興盛與殖民者妖魔化原住民的統治手段有著密不可分的關係時，你會頓時覺得十分心寒。

又想到小時候，如果我做了一些不合媽媽心意的事，除打鬧之外，我總不斷聽到一句：「讀咁多書讀屎片啦你」；不幸地，到目前為止，我已經算是全家人中讀書最多的一位。這個心理陰影糾纏多年，揮之不去，可能我真的是「讀了屎片」，至於屎片是甚麼，我幻想它是全宇宙最骯髒、最低賤的事物，有時候甚至覺得自己就是屎片。

童年的成長經歷對一個人的人格塑造至關重要，父母的言行更是影響小孩一生的關鍵。從小到大我都傾向不生小孩，愈大愈清楚自己的選擇正確無誤，忠於自己，不至於遺害人間。

當教師是理想，達到了做到了，及後發現可找尋更合適的方法貢獻社會，走出來行出去，跌跌撞撞從未停止，但人生必須繼續。

安慰別人時，有人總會說：「你算好的了，XXX 仲慘。」

我不是自怨自艾，只是痛在我身，別人的痛或者他們更痛，不代表我就會不痛、或者我不准痛。讀《癌症病人

的心聲：病人真正想要的，病人真正需要的》時，情緒得以釋放與安慰：

「真的有比較輕鬆的癌症嗎？
實際上，無論癌症第幾期、哪一型，都來勢洶洶，
都有致命危險，而且你終生都得與之對抗。
所以，哪種癌症比較好？沒這回事！」
——〈病人不想聽到這些空話〉

閱讀是我的解藥，然而毒根實在太深，我只好用餘生繼續讀書，希望入土為安時，殘餘的毒素不要污染周遭的土壤。

自療小筆記：

懂你的人，不用解釋；不懂你的人，不必解釋；當你生氣的時候，就是讓別人看喜劇的時候。遇到爛人破事不可怕，可怕的是斷不了、捨不得、離不開，記住：放下，是對自己最大的溫柔。

來生

「如果有來生，你希望再遇到我嗎？」這是我經常問你的問題。

上一世我們應該也是認識的，今世的重逢，時機或許不由我們選擇（命中注定的啊！），但接下來的路怎樣走，我想我們能夠決定。現在是苦，但也很甜，甜是見到你、讀到你、想到你，更是其他源自你的一切。所以啊，對不起，不要再多說了，錯不在你，命運不可思議，更不能解釋。

三毛說過：「在我們有生之年，即使失去了心愛的人，如果我們一日不死，那人就在我們的記憶中永遠共存；直到我們又走了，又會有其他愛我們的人，把我們保持在懷念中。愛，是人類唯一的救贖，它的力量，超越死亡。」

2013 年，我人生逆轉的一年。上半年經歷工作上的動蕩，從南朗山再返回太子的英文夜校，閒出來的時間多了，最後工作和愛情都經歷巨變，我失去了人生的焦點。就在這個昏暗的時刻，書寫成為我唯一的依靠，為我的另一人生埋下伏線。

出版社的困境造就早年出現的小批量出版市場，現在出版一本書相對容易，一個人如果有話想說、有屁要放，只需要花幾萬塊就可以出版小批量的書，自我陶醉一番。這些年來，有多少人以「作家」自居，但只出版過一兩本不知所謂的書，看在眼裡，感受至深，也叫自己引以為戒，沒有實幹實煉，不要奢想出甚麼書。

「愛，是人類唯一的救贖，它的力量，超越死亡。」今天你說你要寫書、出書的時候，我對這一句有了另一層次的體會。你，是時候把你前半生的所學所知、所得所想、所感所思一一寫進書中，你不就是那個實幹實煉的人嗎？你不寫，誰寫？你說得很對，請把一切記錄下來，讓字裡行間充滿你的愛，透過文字的力量，超越死亡。

我會是你的忠實讀者啊！

絕望的筆記

2023年初，不但你，連我都察覺自己愈來愈不妥，我提高警覺，把異樣隨手記錄在小紙片上。然後，有一個晚上，其中一份記錄刺眼地被我寫在一本A4尺寸的畫簿上，小紙片顯然已經不夠承載積壓的一切。

「想死的感覺又來了，這次想著的是把刀捅進自己的腹部，其實不是第一次有這個畫面在腦內閃過，想著想著，一陣胃酸湧上了喉嚨，不多，我用意志抑住了，沒吐。就在兩個多小時之前，我在車上，就是胸口一直悶著，有想吐的感覺。對！在想吐（作嘔）之前，我是呼吸困難，呼吸急促，在家、走到街上、站著、躺著、怎樣也好，就是要很用力的，才吸到一點點的空氣，而裡面能帶進腦內的空氣（氧氣？）更是少之又少。是了，這就是我所以感到頭痛、腦子浮來浮去、暈眩的原因吧！呼吸困難是很誇張的，昨天回到公司，只是花一點力氣跟同事說明狀況，要解決一些場地的問題，就足以讓我的身子發抖、微微的心悸，呼吸困難當然隨之而來，當然我拚命呼吸，深深的，但無補於事啊，就算沒戴口罩，怎麼也是呼吸不到空氣？心跳很快很重，當這樣的時候，一個人一定感受得到的！但我可以騙得到人啊！在人前，我終究是一副沒事的樣子，偶爾還能搞搞笑！我是領導的角色，不可以倒下！但，我正在倒下，又，其實是我已經倒下了，出現在人前的那個不是我，真正的我沒有呼吸、卻心跳著、在冒汗、在不知所措、在散開、在崩潰。我知道自己生病了，是心，也擔心身子再次發病。」

自療小筆記：

朋友曾提起美國知名的心理治療師維琴尼亞．薩提爾（Virginia Satir）的一首小詩《當我內心足夠強大》（When I'm Strong Enough Inside），其中特別喜歡以下選段：

「當我內心足夠強大，
我不再攻擊，
我明白：當我不再傷害自己，
就沒有人能傷害我。」

5.1.2023
想死的感觉又来了，这次想着的是把刀插進自己的腹部，其实不是第一次有這个畫面
在腦內閃过，想着想着，一陣胃酸湧上了喉嚨，不多，我用意志抑住了，沒吐。就在兩
个多小时之前，我在車上，就是胸口一直悶着有想吐的感觉。對！在想吐（作嘔？）之前，
我是呼吸困難、呼吸急促，在家、走到街上、站着、躺着，怎样也好，就是要很
用力的，才吸到一点点的空气，而裡面能帶進腦海的空气（氧气？）更是少之又少。
是了，这就是我所以感到頭痛、腦子浮来浮去、暈眩的原因吧！呼吸困难是
很誇張的，昨天回到公司，只是花一点力气跟同事說明狀況，要解決一些場地
的問題，就足以讓我的身子發抖、微微的、心悸，呼吸困难当然随之而來，
当然我拚命呼吸，深深的，但無補於事啊，就算沒戴口罩，怎么也是吸
不到空气？？心跳很快很深，当这样的時候，一个人一定感受得到的！但我
可以騙得到人啊！在人前，我終究是一副沒事的样子，偶爾还能搞搞笑！
我是領導的角色，不可以倒下！但，我正在倒下，又，其实是我已经倒下了，
出现在人前的那个不是我，真正的我沒有呼吸、卻心跳着、在冒汗、在不
知所措，在散开，在崩潰，我知道自己生病了，是心，也担心身子再次发病。

你有聽過「微笑抑鬱」嗎？

知道自己身心出現狀況後，為了身邊人，為了自己，我再一次向醫生朋友求救：

每日：睡到半夜醒　盜汗、心跳、胸口壓住、呼吸困難

** 每日：自殺念頭，always 想不同的死法：剔手、刀刺腹、服藥、跳樓*

每日：自信↓，無力感，自己無用

**70% 不想外出，想收埋自己*

70% 膊頭、背、腹痛

**70% Bad Mood VS Good Mood*

(Getting more serious，以前可以自己調整，

現在：悲觀、低落、抑鬱情緒一觸即發　(9:1)

50% 只可勉強工作，心煩

*50% * 呆、暈*

還可以在人前裝正常，但自己盡量減少見人，本身已經很少

** 以前無咁嘅 Record in memory*

「過去兩、三個月我都有以上症狀，我需要去看醫生嗎？」

「要呀，不用擔心，看醫生有效。」

幾天後，我去了中環看一位由醫生朋友介紹的私人執業精神科醫生。見醫生前，護士先給我一份抑鬱症自我測試，我知道，我當然知道，過去幾個月，我不斷在谷歌上搜索有關抑鬱症的資料，大大小小的測試、許許多多的症狀、林林總總的治療方案，我就像個經驗豐富的患者，完成了 20 多題的問卷，我知道這是嚴重抑鬱的分數。

這位精神科醫生的診所內有貓咪。曾經看過一些文章，說貓咪有療癒情緒的作用，當你看貓、抱貓、吸貓、撫貓時，壓力和悲傷就會給帶走。貓咪當然是很可愛，從前讀中學時和畢業後初工作的幾年都有養過，除了牠們偶爾會莫名其妙地在你的床上尿尿、料理牠們的大小二便時會有點嗆鼻和麻煩、充電線時常被咬破、家隨時會被牠們反轉之外，貓咪的確是十分討喜的存在。

「你有聽過微笑抑鬱嗎？」醫生說。我搖頭。

「就像你這樣啊。」

在人前，我總是面帶笑容。記得當年預科畢業，在等待大學放榜期間，我跟另外兩位同學都在玩具反斗城應徵工作，經理在各自面見我們三人後，再個別通知我們獲取錄及所分配到的崗位。我被分配到收銀台的位置，經理問我知不知道為甚麼他會把我安排在前台工作，他見我一臉茫然，緊接著說出答案：「因為你面試的時候會面帶微笑啊！」如此想起來，跟人說話時自然會擠出笑容就是我與生俱來的指定動作吧！

「微笑抑鬱的人可以像你一樣，雖然背後有很多的負面情緒，但現實中仍然是一個高效能的工作者。」醫生說。

我沒有多問，畢竟他是精神科醫生，而不是跟我促膝談心的輔導員。在配藥處的小窗口取到四包藥錠，其中三種是治病的，餘下一種用作舒緩可能出現於胃部的副作用。

回家後，我立即孤狗「微笑抑鬱」：

「微笑抑鬱症」不是經臨床診斷的定義，是一個普遍

的現象。它是指當一個帶有抑鬱情緒的人把自己憂鬱的一面隱藏起來，戴起微笑的面具，讓人以為自己生活愉快自在。這使抑鬱症狀更難發現，因為大部分人對抑鬱症患者的印象是鬱鬱寡歡、崩潰大哭。這些固然是症狀之一，但並不是每個患抑鬱症的人看起來都是悲傷的。

正因為難以察覺，「微笑抑鬱症」可能比一般普通的抑鬱症帶來更大的傷害。有「微笑抑鬱」傾向的人過度壓抑情緒，到無法承受時，可能會出現嚴重反彈；他們的行動力比普通抑鬱症患者高，有較大機會實行計劃輕生。雖然如此，但「微笑抑鬱症」仍與其他抑鬱症一樣是可以治療的。

自療小筆記：

渴望被愛的你，有好好愛過自己嗎？還沒有的話，不要緊，小書愛你，希望你看完這本書之後，會成為那個很愛很愛自己的你。

手術之後

人們都是在失去的時候才會懊悔不已。

2022 年 10 月 29 日，南韓首爾市梨泰院發生萬聖節狂歡派對人踩人慘劇，超過 150 人死亡。

一名韓國女生在現場被踩倒地，一度失去知覺，醒來後驚見倒臥身旁的男友已陷入昏迷，救援人員正忙著為他進行心肺復蘇急救，但女生只見男友一動不動，瞬間陷入崩潰。

一位母親憶述她和女兒最後一次通話的內容，那是關於女兒準備去加拿大學習時裝設計的事情，為了籌集學費，女兒一直在課外打工。

一對準夫妻到事發現場附近的餐廳視察結婚場地，卻從此天各一方。

2021 年 10 月 31 日，我終於出院，從姐姐那裡借來一頂闊邊漁夫帽，用來遮掩那十天沒有洗的頭髮、那一道被削去頭髮和橫跨前額髮際至右耳前端的那一條 20 厘米長的疤痕。終於又坐上了你的車，我掀開副駕座位前面的

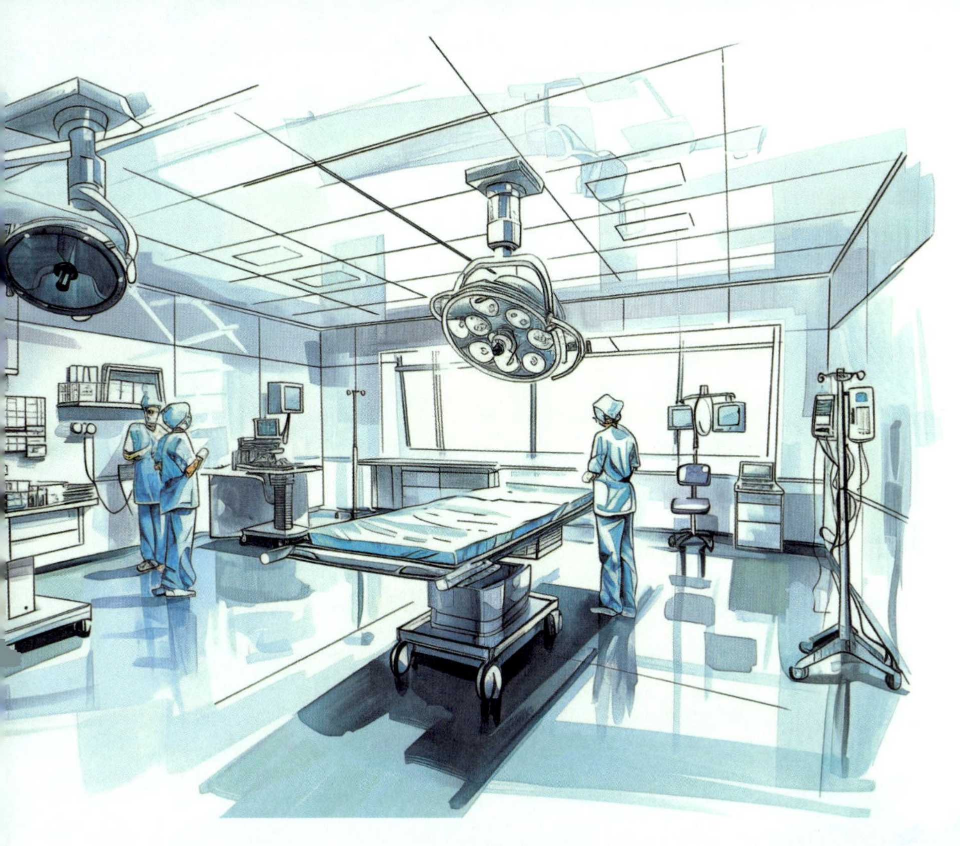

遮陽板，化妝鏡的蓋子早在幾個月前被我弄壞，整個甩掉。我看著鏡中的自己，臉上的浮腫和瘀青未退，頭上那頂行山風格的漁夫帽實在跟我格格不入……現在回想起來，實在不明白自己在那種時候最在意的竟然是這個。

而在十天前的清晨，我從飢餓中醒來，急忙點了早餐，因為早上十時我便需要因為手術而禁食，梳洗後吃過早餐，乖乖的坐在床上閱讀。護士昨天告訴我麻醉科醫生會在手術前兩小時左右到訪，跟我說明全身麻醉的程序。

下午兩點，我換上手術穿的白色布衫，手術安排在下午四時進行，大家姐稍早一些到達。真不明白，我明明是個行動自如的人，為甚麼非要我躺在床上由醫院的阿姨推進手術室呢？但話說回來，我又好像沒有見過病人自己走進手術室的。

手術室是一個門內有門的地方 ，第一關是核對身份，過關後會被推到一道道布簾之間，麻醉科醫生又再出現，這一次是開針口打豆豆，又過一關！主診醫生剛完成上一個手術，他探頭看看布後的我，似是要再三確認我就是他接下來的功課。最後我被推進手術室的大門，被轉換到只有一個身位寬窄的金屬手術床，好幾個人在我身邊團團轉，先是注射麻醉劑，然後是吸入麻醉氣體……

“The most important person in my life. ”在手機的通訊錄上，你被我標上了這一個附註，如果手術失敗了，你一定會接到通知。

行政上的事情縱然複雜，但作為最熟悉公司運作的人，我一點都不擔心，倒是要麻煩到同事，這使我萬分的抱歉。入院前我已經把十多張簽了名的公司支票交給大家姐，把一些錢轉到往來戶口，在紙上記下每星期以至每一天的工作程序，交代各同事需負責的事項，在通訊群組拜託同事謹守崗位，我會盡快歸隊。

其實就只有家人、你和幾個親近的朋友知道我要動手術。辛苦大家姐要負責守在手術室門外，她會是第一個掌握最新情況的人，如果我順利完成手術，我要怎樣讓你和幾位朋友知道呢？想了一會，想到了一個方法，就是拜託大家姐在我臉書上最新的一個帖文留言「一切順利」，當她寫下這個留言的時候，已經是晚上 9 時 45 分。

手術前我告訴你，我的人生沒有遺憾，我一直都很努力，沒有半點躲懶，所做的都是自己想做的事情。一晃眼便已一年，一年以來周邊的人和事都變化不斷，現在我的人生有了遺憾，一個預知的遺憾。

為甚麼？

要面對生離死別，一點也不容易。當年爸爸患癌，由積極治療到入住寧養病房，是一個深刻的過程，是一場預知的死亡。自升中以後就沒有握過爸爸的手的我，十年以後的今天，仍記得那時拖著病床上爸爸的手那手勢和感覺，還有在薄薄的白色被子下，我倆雙手散發出的溫度。

2024 年初，我接受一本佛教雜誌的訪問，記者問到當我知道患癌的時候有沒有問「為甚麼會是我？」（WHY ME ？）說實話，一切發生得太快太急，處理好當前的情況才是最迫切的任務，更何況我真的鮮少問「為甚麼是我？」這個問題，事情發生了，不要浪費時間問為甚麼，解決眼前的問題才是要務。

但這一次，在這一晚，我竟不斷問「為甚麼？」、「為甚麼會是他？」、「這不是真的，叫我怎麼相信？」

終於等到疫情完全退卻，你卻離開了，永永遠遠消失在大家的生活中。2 月 3 日晚上，我早早就窩到床上看書，看書前又是先刷刷手機，看到的竟是電台的公告：

「鄭啟泰昨晚出現肚屙、腳抽筋，今晨送往律敦治醫院，入住深切治療部後陷入昏迷狀態，父母、家人、同事、朋友、舊同學一直陪伴在側，延醫至今日黃昏時分，安詳地離開了我們，沒有痛苦地回到天家。」

「Tell me this is fake.」我不敢問 Fiona（鄭啟泰的妹妹），也不想打擾她，所以訊息是發給 Christine 的。

「Is True……好突然」

然後，零星的有一些朋友轉發他的死訊給我，究竟節哀順變是要如何做到？

太突然，認識他的每一個人，或遠或近，都不能相信。我開始不斷搜索相關的報道，我絕對需要逐一的確認！也陸續看到朋友在社交媒體上痛惜他的離開，鄭啟泰！真的已經不在。我幻想他在病床上離開的情景，雖然在這想像的死亡中，我看不清他的容貌，卻清清楚楚的知道他走了。

猝然而逝的他，留下的全都是大家的眼淚、慨嘆、感謝、惋惜、心痛、敬佩、愛護。然後，大家又會想起他工作時的幹練、專業、認真，閒時的嬉鬧、傻氣、豁達，當然我記得的還有我們一起喝過的酒、唱（嗌）過的歌、發過的癲……

2 月 2 日凌晨 3 時 57 分，淺眠的我扎醒了，自然的在刷手機，不知為甚麼想起要給他發訊息：

「🥳 雙囍臨門」
「恭喜🎊」
你沒有回覆。

我再下一個給你的訊息，是 2 月 3 日晚上 8 時 01 分：

「Tell me that is fake」
「Where a u!!!!!!!!!!」
不斷翻看手機相冊中、WhatsApp 對話及群組中我們的照片，在淌淚，你的錄音訊息我不敢再聽了。

他永遠的停留在 2024 年 2 月 3 日，我永遠等不到他的回覆。

HY?

照片攝於 2017 年 1 月 25 日，我是鄭啟泰的聽眾粉絲。

照片攝於 2017 年 1 月 25 日，那時候的小書寫到：「今日我好開心，開心到不能用言語形容！！😍😍😍😍😍我在街上偶遇我的偶像 Cheng Kai Tai 我諗我今晚會瞓唔著 👉👈(其實應該係十晚或以上瞓唔著…） 」

我是鄭啟泰的聽眾粉絲。

曲折離奇

馬天尼（Martini），是一款以氈酒與苦艾酒調製的雞尾酒，以橄欖或檸檬皮卷掛於杯邊做裝飾。馬天尼被國際調酒師協會收錄為難忘系列（Unforgettables），的確，它真的叫我此生難忘。

那夜凌晨，我從嚴重的宿醉中醒過來，跌跌撞撞的走到洗手間，坐廁上的我感到右腳尾趾隱隱作痛，探頭趨向腳板底，驚見右腳尾趾有一處正在淌血、似被利器深深割了一下、約一厘米的傷口。

房間裡沒有膠布，渾渾噩噩的我猶豫是否要打電話到酒店前台討一些藥水膠布，最後還是迷迷糊糊地爬回床上繼續睡。再次醒來的時候已經是早上九時多，我看著傷口，用手機拍下照片傳給你。

「好像割得很深，要看醫生嗎？還是貼膠布就好？」我仍抱有一絲希望，傷口可以自行癒合。

「你記得是怎樣弄傷的嗎？一定要看醫生，我現在來車你去醫院。」你說。

不美麗的回憶，更要留低。一杯馬天尼沒甚麼，五杯又如何？剛搬離與前夫一起建立的家，住進月租形式的酒店，急著從過去七年被前夫的催眠、哄騙、打擊與控制中掙脫的我，竭力投入工作，想要證明沒有他，我仍然活得漂漂亮亮！

疫情之下，人人自危，公司仍斷斷續續的接到不同的合作邀請，大家都怕被可怕的病毒淹沒。於是那一晚，我應邀到太子某酒吧跟一個早前工作時認識的男人談合作。赴約前，我按著他名片上的資料搜尋過，約略知道這個人從事展覽業，在疫情下，所有展會停頓之時，他找上了我的公司，因為縱使在病毒橫行下，市集仍有限度的在舉辦。

酒吧我當然去過，但對於酒單上林林總總的酒，我倒是十分目生。對方點的是我最討厭的啤酒，而我亂點的就是馬天尼，到他續杯的時候，感覺不好意思的我只好跟隨，我知道「溝酒喝」更容易醉，於是續了一杯又一杯的馬天尼。我不知道這次會面究竟要談甚麼，只知道在我還沒有喝完第五杯的時候，我的求救意識愈趨濃烈。我點開手機上的通訊軟件，用僅餘的認知能力發出求救訊息予近期在對話的朋友，我不知道酒吧的店名，但我懂得分享實時位置。

跌跌撞撞的我從銀包中取出兩張五百元擱在枱上，沒等那人來得及反應，我就說不好意思我要走了。奪門而出，見到來救我的人坐在隔壁餐廳門外的椅子上，我衝上前，連番道謝。

來救我的人好不容易才弄到一輛計程車，攙扶著似一坺爛泥的我入車廂，駛過了不知多少路口，下車、入電梯，然後我在樓層的走廊倒下。不消一會兒，我依稀感覺到幾位酒店職員踏著倉皇的腳步從電梯衝向我們，大夥兒合力把我送回房中，置於床上。

我聽到救我的人簡單向職員們交代幾句，然後救命恩人和職員見我睡好在床上，便一起離去。

「你有見到我是怎樣弄傷腳趾的嗎？」清醒後的我問救命恩人。

「無印象啊！上車、下車時都沒有看到你有傷。你在車嘔，幸好我背囊裡有一個裝早餐三文治的密實袋，不知道有沒有弄髒司機的車，下車的時候我塞了 300 元給司機呢！」救命恩人發給我的這個語音訊息連同那個醉酒女郎一臉窘態的圖貼早已消失，但記憶卻不滅。

你送我到醫院，醫生問我是怎樣弄傷的，怕有玻璃碎片在傷口，我說不知道，因為我喝醉了。最後，醫生在我的小腳趾施了幾支麻醉針，用力的在這個奇葩的受傷位置施針縫合傷口。一厘米的傷口總共要縫上五針，還有畢生難忘的痛，和一個月不能穿上鞋子的右腳。

那夜救我一命的人就是鄭啟泰。

感謝他，雖然我已經跟他道謝過不下百次，他是我的救命恩人，我銘記於心。

這個瘋狂的經歷只有我們身邊少數的朋友知道，都成為了大家的笑話，如今他走了，我又想起這段荒誕的往事。

感謝你——你是我的救命恩人

自療小筆記：

身處困境，不要害怕求助。

生命無常，且行且珍惜。

猝然而逝的你

紅塵

今天想起了沈韶華。

我沒有她的才華，卻有她的聲嘶力竭，也沾上了她的絕望。上天待我不薄，讀書和工作都尚算順遂，雖然困難和挑戰不絕，但我總覺得好玩，哭著笑著總會過關，還有身邊幫助我的人，他們都愛我。

感情方面，我總是跌跌宕宕，這大概都是自找的。

我愛得勇敢，但每一次總傷害到身邊更愛我的人；我試過一走了之，歷史重演又重演，我也終落得被撇下的時候，我痛了，不知如何面對。

我跟前夫的相遇，是歷史重演之中的某一幕，他離婚後交了女朋友，已到了再談婚論嫁的地步，我的出現，破壞了一切。他比我年長超過 20 年。對於人生，我沒有甚麼計劃，不至於見步行步，但太遙遠的事，想也不真實，計劃有用嗎？他是個擅於計劃的人，跟他一起之後，我的人生好像有了方向。一直沒有想過結婚，我知道他也不想再婚。後來又不知怎的，我倆結婚了，他很愛我？至少當時的確是。

電影《滾滾紅塵》由林青霞飾演1940年代的女作家沈韶華，訴說於動蕩時代的愛情故事。

從前的我，遇到今次的情境，大概也會是走了再算。婚姻是一種牽絆，婚姻卻也提醒我，有一個愛我、我不能辜負的人。第一次，我讓理性戰勝了感性，我很想保護你，如果我一走了之，事情一定會更糟糕，我不想你受到任何傷害，我早跟你說“I am so into you”，每一分每一秒我也想著你，當想到不能見你，心就很痛很痛，我已失去所有的力氣，因為我竭力地幻想著你在我身邊，想著你跟我說的每一句話，看你的照片，我怕我忘記你，更怕你忘了我。

這是我第一次不容許自己任性，我想處理好一切，想快點見你。

你說過結婚不算是重大的決定，生兒育女才是。但對於離過婚，在經歷中受重傷的人，再一次結婚其實是個沉重的決定。

自療小筆記：

願意吃虧的人，終究吃不了虧，吃虧多了，總有厚報；愛佔便宜的人，定是佔不了便宜，贏了微利，卻失了大貴。不要以為成敗無因，今天的苦果，是昨天的播種；當下的付出，是明日的善報。

Hello Stranger

那天晚上我穿的衣服還沒有洗，大概是因為它附著赤柱的空氣，也沾上了你的氣味。Hello stranger. 今天是我們第五次見面，跟第一次見面是在同一個地方，我早到了，因為我不想耽誤任何可以跟你見面的時間。

"Can't see you."

"Ok"

嗯，大概他正趕過來。

到了約定的時間，你沒有出現，我心裡忐忑不安，卻只有耐心的等待。是塞車嗎？是你突然不想來了嗎？你在辦其他重要的事情？是我去錯地方？我在門外站了十分鐘，還是沒有見到你。餐廳外探頭進去的人不少，我不想你到的時候還要浪費時間在等，於是我硬著頭皮向上一次為我量度體溫的侍應走過去，深呼吸一下，幸好我通過測試，可以靜靜的坐下，等你。

按照常理，我不會在餐廳裡等人，我受不了一個人在餐廳中那種寂寞又奇怪的感覺，總會覺得自己是個被人遺下的孤兒，對了，我是從來不會自己一個在餐廳吃飯的，我討厭那種孤寂與熱鬧的對比。入座後的 20 分鐘，為了緩解尷尬的感覺，我點了一杯 cold brew coffee，不點熱飲，因為有陰影。我的時間有限，離約定的時間過了足足 45 分鐘，我在擔心你的情況，陣陣的失落湧上心頭，你會來嗎？五時是我的死線。上天愛開玩笑，幸好祂是眷顧我們的，一個小時後你終究出現了。

我有很多的話沒說出口，是不知從何說起，也是因為那些話根本不重要，重要的是我能見你，可以的話，我還想抱抱你、吻你一下⋯⋯我真貪心！是啊，我是有猜想你臨時改變主意不想來，我對自己沒有信心，我不知道我憑甚麼⋯⋯大概剛剛墜入愛河的人也會這樣，患得

患失，我喜歡這種感覺，因為這是我跟你一起的回憶。

還記得你把受訪片段發給我，那是我第一次聽你的聲音，我說你的聲音像個孩子，跟你的樣子格格不入。未見到你之前，心裡有很多幻想：你有多高？你會不會很惡？你會穿甚麼衣服？會不會是一個「騎呢」人？今天是我第五次見你，我把你記住了，永遠不會忘記。

下次跟我一起去吃雲吞麪，可以嗎？

自療小筆記：

所謂愛，就是別人擔心你會胖，我卻擔心你沒吃飽；愛一個人不一定要擁有，但擁有一個人就一定要好好去愛他／她！

下次跟我一起去吃雲吞麵，可以嗎？

為甚麼愛讓人受傷？

你問我有沒有試過寂寞，我說怎麼定義寂寞？

回家的路上我再想，你說的是「冷落」。被人排斥、冷待、疏離。

我大概沒有，內裡我是個非常需要別人認同的人。被人討厭，我很介意。

我是你的災。這我很內疚。你是我的愛，我不要其他。寧願被圍攻，捨棄。

七年以來，我得不到他的稱讚，也被灌輸了我不應該得到、也不該渴望別人稱讚的概念。

每一次工作到很氣餒的時候、又或者是我倆吵架，我跟他說我只是想要他讚讚我、鼓勵我，為甚麼不可以？他會說：「你就是想要全世界的人讚你、捧你！」

我付出的一切在他眼裡也是理所當然。

「花無百日紅」這幾個字，深深刻在我的腦海中，這是他經常對我說的，「30 多歲，你估你仲係廿幾歲小妹妹？」

我明明知道自己從來不是倚仗別人稱讚而努力生活的人，我不是追求別的甚麼人讚我誇我，我想要的只是自己心愛的人讚我一下、鼓勵我、支持我……

你說我很好，不明白為甚麼有人會選擇離開我。我不覺得自己好，你這樣說，是真的嗎？很虛幻很不實在，我好嗎？我真的好嗎？

謝謝你，謝謝你作的分析，我知道為甚麼他從不讚我了。

他恐怕我變成一個獨當一面的人，就不再服從於他了。

愛情是我的 TOP PRIORITY，所以你是我的 TOP PRIORITY。

自療小筆記：

過分的「戀愛腦」會令人失去自己。記住，別拿別人的錯誤懲罰自己，面對不合適的人，抽身離去就是最合適的回應。

給十年後的我們

你們好嗎？

這十年過得怎樣？不容易吧。

仍然有傻笑嗎？間中或者有生氣吧。

經歷讓你們愈來愈相愛嗎？應該不會放棄了吧。

困難嗎？也有輕鬆的日子吧。

努力工作嗎？仍有向著目標直奔吧。

沒有後悔吧。仍然慶幸相遇了嗎？

仍然記得我們嗎？回想起 2020，應該會微笑吧。

這一年經歷的一切，你們還記得清楚嗎？

如果忘記了，讓我們告訴你好嗎？

我倆相遇了，愛上了。

發生了很多事，但我們仍然覺得，

我們應該是世上最幸運的人吧。

2020，我們當上了世上最幸運、最幸福的一對。

自療小筆記：

「喜歡」 VS 「愛」

喜歡是看到一個人的優點，愛是接受一個人的缺點。聰明的你一定知道哪一種是比較深層次的感情吧！

終有一天，你會找到愛你的人。

不哭

不要哭，就算要哭也得在我面前，我才可以把你的眼淚擦乾。

不要忘記愛情，不要忘記我。

打從 15 歲開始，我就過著拍拖的生活，沒有一刻間斷過；也就是說我的日常生活一直都有一位伴侶跟我一起。

現在我面對的情況是我從來沒有遇過的；我從來沒有那麼肯定的因為一個人而離開另一個人，肯定到我自己都害怕，因為我知道跟你一起之後，我就容不下另一個人了，無論是生活中還是心裡面，我就只能容下你了，想到這裡，我就連自己都感覺到害怕。加上工作、上庭要面對要處理的問題，都也是一個又一個我未面對過的難關。

這段時間是我人生中最動蕩不安的階段。說我勇敢？其實我是忙碌得沒有時間去想太多；說我能幹？我也告訴過你我沒有太多的自信；說我獨立，其實我很害怕孤獨，對不起，這段時間我的情緒起伏令你也受苦了。才七個半月，怎麼我覺得已像七年？

自療小筆記：

錯敗時有人伸出雙手來為你擦淚，會好過成功時無數人伸手為你鼓掌。

呼吸會痛

一個人，有時候難以呼吸。

我想這大概是有人說愛情是氧氣的原因吧，對嗎？

我的大學教授十年前離婚，她告訴我她用了四、五年時間習慣一個人的時光；又用了另外五年時間繼續適應獨居生活；除了憂心要讓她媽媽擔心外，也面對旁人的冷語，不容易。她有看心理輔導、信了佛教、出外見朋友、繼續投入工作，她與前夫沒有資產分歧，很快完成離婚手續。

我去年 5 月短暫離家兩星期，7 月正式離開，現在才不過十個月的時間。沒有比較，只做個記錄，一年還未夠。

網上搜尋：馬蒂霍洛維茨教授（Mardi Horowitz）是創傷研究領域的世界級頂尖專家，他把人類撫平心理創傷的過程劃分為下列五個階段：

●痛哭（outcry）

●麻木和抗拒（numbness and denial）

●入侵式回憶（intrusive re-experiencing）

●理解創傷（working through）

●撫平創傷（completion）

今早走路時很深刻的印象是想哭，但沒有眼淚，整個人很空洞、無力；走了一段，凍，坐在看台讀了一本書的兩個章節，好了一點，之後跟你吃早餐，分享了一些問題，又好像平常一樣。

下午專心工作了好一陣子，感覺再好了一些，又覺得有點孤獨，斷斷續續跟你發訊息，想想你，不知道你在做甚麼。

晚飯時候，想走遠一點，到 Megabox，先到 Ikea 看看書架，在價目表上圈圈畫畫，覺得自己好像在工作，想想店內的陳列該怎放，感覺不錯，好像有點進展。也想想你該已經外出吃飯。乘扶手梯到 10/F，人很多，本想吃拉麪，不想面對太多人，乘扶手梯一直往下，到 G/F 的茶木，人不多，還好。點了不想吃的，吃下 50%；還好，還會吃東西；為食物拍了一個照片，其實是想拍出同桌對面的椅子沒人坐，只有我一個。

吃完再上 Ikea 買些吃的，準備不出門也可以維持生命；回酒店、洗澡，今天已沒力氣工作。

你說已經兩個月，我斷斷續續的在睡覺時冒出滿身大汗。昨晚挺誇張，看到自己用手往身上一抹，竟抹出滿掌汗水，而我只不過是意外睡著了一小時；其實人很累，之後做了個噩夢，醒來時是凌晨 12:49。

且行且記錄，不知道現在我在甚麼階段，只知一天會經歷很多的高高低低，難以呼吸，血壓也很高。

左邊肋骨下方按下去痛，下午發現，原因不明。

自療小筆記：

我們總是忙著學習如何跟別人相處而忽略了跟自己好好獨處。心理學家邦妮馬克斯建議我們每日安靜 20 分鐘，放空也好、聽音樂也好，放下手機，好好放鬆心情，讓勞碌的大腦休息，讓自己的心緒重整。

也是孤獨

那種孤寂不安在折磨著我，我討厭這個自己。

我很努力去學習孤獨、面對孤獨、跟孤獨做朋友。

有時候總在想，沒有我，你可能會更快樂更自在。

愈是怕失去你，我愈做出一些自己也討厭自己的事。

對不起。我在想，你也討厭我吧，是嗎？

我不如你想像的好，我一點也不好。

你對世界充滿熱情和好奇、你有創意、時刻都有新鮮的點子、你成熟、懂得自處、獨立自主、總能看到別人的好、待人溫柔。

我幼稚、依賴、情緒化、衝動、一事無成、一無是處！

你！怎！麼！可！能！會！喜！歡！我！？

自療小筆記：

喜歡聽歌，是因為填詞人能夠把複雜的思緒精煉成簡短的歌詞。林夕填詞的《相愛很難》，對愛情寫得精闢獨到：

「得到浪漫　又要有空間　得到定局　卻怕去到終站

然後付出多得到少不介意豁達

又擔心有人看不過眼

無論熱戀中失戀中都永遠記住第一戒

別要張開雙眼」

Stay

那時候，我站在旺角街頭，完成工作，才步出商場便看到這個擺在地鐵站口的攤檔，五彩繽紛的鐵線給繞成一個個不同的名字和形狀，在射燈下閃閃發亮，更吸引的是檔前那個正在熟練地繞線的婆婆，和那幾個圍在她身旁等候的顧客那些期待的眼神。

我心血來潮，想到要繞一個你的名字，內心卻又有一點掙扎，因為當時在等候的是一對 20 多歲的年輕情侶和幾個十幾歲的小朋友，要在旺角街頭做這種事，我好像有點太老；結果才走過他們幾秒鐘的時間，我折返，走到婆婆身邊。

「繞一個名幾錢呀？」

「40；五至六個英文字母就最靚，好靚㗎。」

「好呀，要繞兩個，唔該。」

「嗱，你寫個名喺度，好快做好。」

我在那疊用手撕成的小本子上寫上你和我的名字；婆婆一邊忙著繞線，一邊用眼尾看看我寫的名字。

「啊，你揀顏色吖，好多色㗎。」

不用想也知道要選綠色，因為你是綠色的，從你小時候那張做著怪趣動作的照片到你的Polo Tee到你的銀包，你都是綠色的，綠色跟你挺相襯，你就是綠色的；但繞線的鐵線沒有你的那種綠色，就只有翠綠和螢光綠，最後得選了後者。

在我前面排著的還有兩張單，婆婆密密手的繞呀繞，又要招呼走近攤檔的客人，雖然攤檔有射燈，但街上燈光昏暗，婆婆頂著鴨舌帽，一定要金睛火眼才行。

「好快呀，做鎖匙扣又得，做頸鏈又得。」

我耐心的等著，抬頭望天，我給你發了一個訊息和一張照片：

"I love this city"

"Our city"

"I really love this city v much. I know I have not been

to many other cities. Yet, I know this is the city I love most. No doubt of it.”

“I love it too”

“Stay”（你說過想離開這裡的事，我一直記著）

“I hate to leave”（甚麼？也就是說，在情非得已之下，你也是要走的）

“Stay”

“Don’t waste time doing something you hate”（我努力嘗試說服你，就算只是片刻的安慰，我也希望你不會離開，不會離開我）

“Stay”（鬆了一口氣，你說會 Stay，就算明知這只是個短暫的安慰，也足夠令我有力氣繼續往前走）

終於完成，婆婆小心翼翼把我跟你的名字放入透明的小袋子中。

繞線是婆婆每天賴以維生的指定動作，她在繞每一個小字的時候那份專注、認真、用心和用力，讓我感受到這個城市還有我值得留下、為它好好作一點點貢獻的理由。

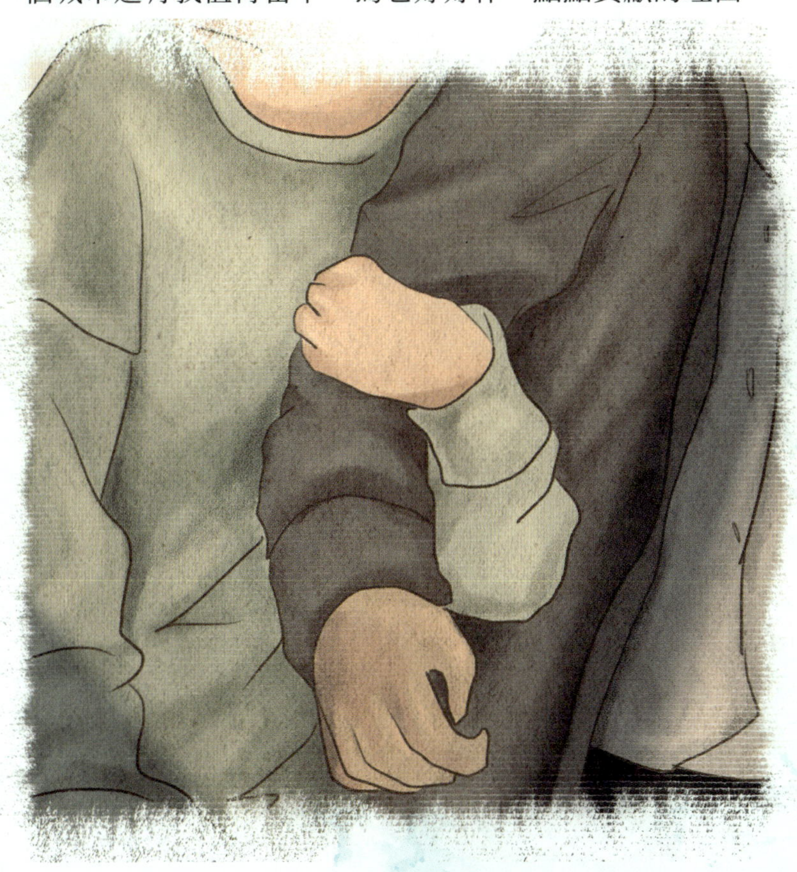

Second Life

我也是，在學習怎樣做一個新的人，過渡到第二人生。知道自己要甚麼——肯定要和你在一起，但仍有很多害怕，一點也不容易。七個半月，天翻地覆。

我也算是個能吃苦的人，牛年生：牛脾氣、硬頸、倔強、固執、堅持……

爸爸很少喊痛，到了肺癌末期的時候，嗎啡也起不了作用，他一坐下就會很痛，去伊利沙伯醫院時，我們說駕車載他去，他情願坐地鐵，因為站著比較不痛。上次尾趾縫五針的時候，我想著的是不怕痛的爸爸。醫生打的麻醉藥不管用，手指腳趾也是神經分布多的地方，我清楚感覺到每一針刺下去的痛，很痛。

生活就是這樣諷刺，錯過痛過才會深刻的記住。

這陣子，你我多談了工作，也有只談工作的對話；我看到從前生活的影子，我怕我們的愛，就這樣被工作淹沒、感覺就這樣被沖淡……一方面我高興你跟我分享工作上的一切，覺得我說的有參考作用，一方面我卻覺得你很陌生……你問我為甚麼，就是這個原因了。畢竟，我們從來不認識，直至八個多月之前。

我們來到彼此跟前，都已經是個各有個性、生活習慣、處事方式成熟的人，要適應彼此並不容易；開始的時候愛情的甜蜜與盲目可以作一個緩衝，現在又是另一個階段了，切切實實的生活。從前的我不喜歡面對日常生活的問題，現在問題擱在眼前，我不得不獨自面對。

今天午睡醒來，清晰地聽到自己急速的心跳，卜！卜！卜！卜！ 還有你打呼嚕的聲音，呼！呼！呼！呼！這就是我們第九個月的配樂了！

生活難，我不怕，我愛你，我們會成功的。

We will make it.

我想你了解我多一點，我也想了解你多一點，時間不夠了，要珍惜。

自療小筆記：

在最美的年齡做最美的自己，該為你停留的人或事，該屬於你的，都會慢慢來到身邊，不強求，不勉強，隨緣。

磨牙

你說我總在睡覺的時候磨牙，間中「卡」、「卡」的上下排牙齒碰撞，輕輕的。靠得很近就聽見。像裡面困住了一個小囚犯，趁巨人睡得深沉，敲打牆壁，向外面打密碼求救。

問：我們為甚麼會在一起？

1. 我試試認真回答：全是偶然，再加上兩個都是同類的人，一生都在預備這樣的碰撞，各個卯榫立即接上，像是天下最自然的事。

2. 我試試神秘的答：命運是早注定了。試想想，如果沒有碰上，那是多麼大的遺憾？我倆在對方命運中將會扮演一個很大的角色，抓緊了，一生不枉。

3. 都是選擇。我們每一秒都在選擇，自由意志，不能賴命運、怨別人。碰上那一刻的確是偶然，但以後的一切，都是兩個人的選擇。

答案是：「我們很想很想在一起。」排除萬難，經歷痛苦恐懼，從日常路徑中災難性的脫軌，不是輕鬆的選擇，但選擇了，直到如今。

4.（學某人）我從來不想為甚麼，從不需問究竟。先做了再說。爽！

習慣

從一個人身上感染一些習慣，是怎樣的一回事？

之前從來不知道有一種二厘米乘二厘米的小紙片，沾滿了酒精，獨立包裝，很不環保的感覺。前度離家出走之後，繼任人順理成章的搬進我家，也帶來了這些小紙片。起初我並沒有注意他每一晚回家後的這個小習慣，後來這卻也成了我的堅持。「知不知道電話表面有很多細菌？每天我們也用手觸摸它，自己的手可能很髒，電話也有可能被其他人摸過，所以每天必須消毒！」他認真地說。

在疫症還未發生、在消毒用品還沒有被搶購一空之前，酒精消毒小紙片早已是我們家中必備的用品。每天晚上回家，我們必定用這種小紙片消毒手提電話的表面才安心。

那是 2011 年，直到現在每晚我仍然為電話消毒，遇上用完小紙片卻又忘記買的時候，我試過用紙巾沾火酒、也試過用紙巾沾水……總之不把電話抹一下不會安心。

我想，你必需很喜歡那一個人才會願意把他 / 她的小習慣移植到自己身上。

初戀印象模糊，但有一個習慣卻清楚記得。

「澳洲人的英文很特別，他們說 today，不會說成 to-day，他們會說 to-die……TO-DIE we're going to……」說起英文教學的事，初戀男友特別雀躍。大學主修語言學的他，畢業後當上了中學老師，他學校有一個來自澳洲的外籍英語老師，澳洲口音的故事，他經常掛在嘴邊。記得有一回我跟我校的外籍英語老師一起授課，下課後他問我是否曾經到過澳洲留學，他說我的英語有澳洲口音。

我想，一起生活日子久了，不知不覺間你就會染上對方的習慣，雙方之間的距離拉近了，感覺親密，是一種心理需要。

愈習慣對方的存在，愈害怕有一天要分開。但現在回頭看來，要走的終究要離開，那留下的習慣成了生活的痕跡，成了我生活的一部分，不痛也不癢，其實也沒甚麼可怕的。

我會從你身上感染甚麼習慣嗎？

寂寞

有一種寂寞是你把房間裡所有的燈都亮起了，你仍是看到一片漆黑。

身體給我的警號是無休止的皮膚過敏，從小腿蔓延到大腿到肚皮、手臂和指頭……我活成了不漂亮的模樣。

對上一次皮膚過敏爆發是在天水圍教中學的時候，教一班很頑皮的中二生，只知道他們中一的時候換了三個英文老師，最後要兩個老師一起教英文才勉強捱過那個學年。才第二年執教鞭的我算是學校中受歡迎的老師，學生、同事和校長也喜歡我，大概是因為我沒有殺傷力、平易近人、認真工作。既然校長和科主任都覺得我有能力處理最惡劣的那一班，喜歡挑戰、好勝的我欣然接受這個挑戰，不可讓人失望，也要證明自己！那時候每天入課室好像上戰場一樣，晚上睡不好，會夢見課室裡失控的場面。依稀記得那時候我的小腿就像現在一樣，我得每天穿上絲襪去遮掩腿上的紅疹。

無奈地不論口服藥和藥膏也起不了太大的作用，然後癢了就伸手去抓，皮破血流……怕被你見到把你嚇壞，怕你會不喜歡我，我會好的，不要丟下我。

我不習慣開口說出自己的感受，寫下來比較容易。我想見你，盡一切方法把握時間去見你。你說的對，你要走的時候我會覺得失落，但我得裝成瀟灑一點，不要讓你知道我的痛，不希望你難堪，不多說不多問，一切若無其事就行，你為我花的時間已經太多了，我還好意思說些甚麼嗎？

寂寞來襲是我處理不了的問題，我想你見到我有用盡一切辦法去解決的：令自己很忙很忙、去媽媽的家躲一下、喝醉一會、掉一些眼淚，睡了又過一天，至少現在我能睡得著啊，挺好。

算一下我住酒店的日子也差不多半年了，我怎樣說服自己，也不能讓自己覺得這是我的家，我呼吸不了。

去一趟旅行，你會知道回家的日期；去一趟流浪，你會有不回頭的決心。

現在的我，沒有退路，沒有家，只可以往前走，更糟糕的是我不知道要往哪裡走、走多久、走多遠才能停下，我累了，但我不敢停下來，停下來會寂寞、會孤獨、會痛。

在愛面前，我軟弱無力。

有一種寂寞是你不是我的、是我不是你的誰、是我不屬於任何地方、不屬於任何人。

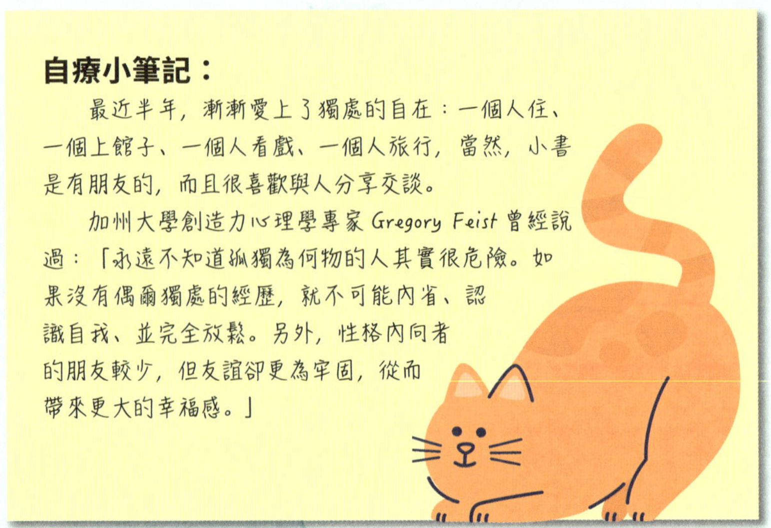

自療小筆記：

最近半年，漸漸愛上了獨處的自在：一個人住、一個上館子、一個人看戲、一個人旅行，當然，小書是有朋友的，而且很喜歡與人分享交談。

加州大學創造力心理學專家 Gregory Feist 曾經說過：「永遠不知道孤獨為何物的人其實很危險。如果沒有偶爾獨處的經歷，就不可能內省、認識自我、並完全放鬆。另外，性格內向者的朋友較少，但友誼卻更為牢固，從而帶來更大的幸福感。」

我不懂得如何活下去！

我沒試過一個人在餐廳吃飯、沒試過一個人睡、沒試過自己一個處理這麼多的事！

有時，我覺得一切都很新鮮，覺得自己很酷很勇敢；但更多的時後，我覺得自己很孤單、很無助、很迷茫。

人人都說我好勇敢，我不敢對他們說有多少個晚上我是在掉眼淚的。

過去這麼多年，每天我都當乘客，每天也是被人驅車接送；

今天我第一次操控著軚盤，笑笑自己不協調的手、腳和眼……駕車一點也不容易， 我沒有信心可以通過這場駕駛考試。

我的人生還未到一半，你讀懂了我的恐懼；餘下的日子、沒有你的日子，怎麼過？

你就要我學會孤獨自處，我每天都在經歷、每天都在學，很苦，你知道嗎？

有時候，我覺得自己很渺小，管理一家幾個人的公司，做著吃力不討好的事情。

有時候，我覺得自己還算不賴，有一個讓人做生意的實體平台，養活自己，也養活了一些人。

有時候，我很享受一個人的時光，挺自由的，有一種「不為別人而活的感覺」。

有時候，我卻覺得無比的孤單，無論如何，房間裡最後只剩我一個。

有時候，我覺得你很愛我；有時候，我卻覺得你不可能是愛我的。

我怕自己的沉默會讓你覺得沉悶；

我怕自己的軟弱會讓你覺得我配不上這一頭堅強的短髮；

我怕自己的壞心情會讓你覺得我不夠理性，總是在自找麻煩，壞了事情。

我在意，我在意你對我的看法，我怕你看到我的不完美，漸漸就不再愛我了。

這一刻，我不喜歡自己，太多事要做，沒做完……

很想執筆繼續寫些甚麼，但太久沒有寫，沒信心寫好，也沒時間。

書愈來愈多，看不完；衣服堆積著，找不到想穿的；我的生活七零八落。

對不起，到現在我還沒有把你的功課認認真真的看一遍，我要認真對待，不想草草把它看完。

你對我很重要。

開心，要記下來；

不開心，更要寫出來；

因為我們實在太容易忘記。

自療小筆記：

後來，我遇到一個很在乎自己的人，才發現其實每個人都是這樣，對自己在乎的人才會亂想，而不在乎的，想都不會想，甚至會覺得是件厭煩的事。

跟你在一起

不知從何時開始，我學會了好好的感受這個城市。有時候它很陌生，縱然我人生的所有都在這裡發生；然後我又發現，我愛它，是因為我愛的人就在這裡，如果都不在了，我還會愛這個城市嗎？

我就像一直那樣，走在你身後，看著你的背影，一高一低的肩膊，如果不是你告訴我自己是高低膊，我根本沒注意到。晚餐吃甚麼一點也不重要，重要的是能跟你待在一起多一點時間。你在路上總是走得很快，印象中我總是在後頭拚命地急步追，上氣不接下氣，我總習慣盯著你的腳踝或是那個圓圓的頭和給你自己動手剷到只剩一毫米的短髮，我是個筋疲力竭的獵人，十字瞄準鏡總被自己急促的呼吸弄得搖擺不定，彷彿永遠都追不上你。

你說悍匪葉繼歡當年就是在行人天橋下這條街道用 AK-47 自動步槍搶劫幾家金行，你著我用手機搜尋相關影片，影片找到了，我倆就站在天橋上、對著那條街看著影片。

「咦！不是物華街，是彌敦道？」你呢喃。

「應該是另外一宗案件吧。」我邊說邊繼續搜尋。

不一會我點開另一段當年今日的新聞片段，低清的畫面中沒有 AK-47，只有一個又一個躺在地上的金色彈殼、穿著街坊短褲掛著警察工作證的探員和被雨淋得濕漉漉的街道，那是 1991 年。小時候經常聽到「省港旗兵」、「大茶飯」、「偷渡來港」等新聞，只有虛無的印象，完全沒有危險的驚心動魄，畢竟那時我還是個在上唱遊課的幼稚園生。

水落石出後，我們繼續前行。

「我們一起去冒險好嗎？」我今天一大早提出要求。

「甚麼冒險？」你疑惑著。

在疫情最嚴峻的時候，世界只有我們的時候，我們一起踏遍港九新界的角落，像是在玩拼圖遊戲，但要完成拼圖呢，我們先得遊走這城市的大街小巷，找出拼圖。如是者我跟你去了很多我們從來沒有到過的地方，儘管我們都是生於這地。

從前有種說法，香港是個不夜城，但明明才晚上八時多，街舖已經關得七七八八，好不容易才在舊城區這邊找到一兩家未關門的鮮果店，20 元一個的火龍果比你的手掌還大，但我一個人只可以買一個，才可免卻壞掉前吃不完的窘境。

觀塘在變天，新與舊完全不協調，其實它們最終不會有協調的需要和機會，在建設和發展的口號下，所有舊的最終都會被不假思索地廢棄。新時代的屬性是有條不紊的街道、舒適的冷氣商場、帶平台花園的轟天豪宅，最標誌性的可能是那些純白色的木系咖啡廳。

我喜歡跟你並肩而行，但這很難做到，只有在我接受電療期間，在我氣若游絲的請求下、你終於感覺不到我在旁邊的時候，你會放緩腳步，嘗試依著我走路的節奏。我喜歡跟你在一起，走在大大小小的街道上，特別是當你終於察覺我在你身旁的時候，你總有滔滔不絕的話，只有你跟我說話的時候，我的存在才有意義。

這一晚我依舊在追趕著你的步伐，療程早已完成，但

我喜歡跟你並肩而行，但這很難做到

在路上邊走邊說對我來說仍然是個挑戰。這一刻我看著你的背影，想著的是十年後 60 多歲的你，是一個多年後重臨舊地、沒有我在身旁的你的背影。

抬頭望見的一棵枯樹，那就是我
—— 讀《致我所愛之人》

如果死後可以附身在現世的一件物件上再度體驗世界，你會……？

光是看《致我所愛之人》的書名，以為內容會是一封接一封情書；翻一翻目錄，卻讓我摸不著頭腦：松香粉、三角龍、藍色的、白檀、名字、私語、日記、按摩、嘴唇、鏡頭、枇杷樹……？盯著不著邊際的條目，我再一次說服自己：越是難懂的東西越要挑戰自己！畢竟我是去年才開始閱讀日本的作品，在此之前，自己的閱讀興趣真的十分狹隘！

不就是「附身」嘛，老掉牙的套路，書介卻誇口說讀完此書後，會讓人「馬上想和心愛的人見面」？

曾經看過一套由張柏芝和任賢齊主演的電影《星願》，張飾演護士「秋男姑娘」，任飾演失明及失語的「洋蔥頭」，故事講述同在醫院工作的兩人漸漸互生情愫，當「洋蔥頭」終於衝破心理關口、鼓起勇氣想跟「秋男姑娘」表白的時候，卻迎來車禍，意外離世。靈魂飄離肉身的「洋蔥頭」因為心願未了，天使給他一次重返人間的機會，但在旁人眼中他會全然是個陌生人，而不可直接告訴「秋男姑娘」他就是「洋蔥頭」！他可以在五天時間內向「秋男姑娘」表明心跡，完成心願嗎？這本書要寫的，大概也是差不多吧。

當大部分有關生死的故事都是圍繞生者的視角出發、描述生者對逝者的思念、追悔與不捨，東直子這一部從亡者角度而創作的小書，就顯得格外不同。雖說十一個故事都是獨立成篇，但作者顯然在整體的鋪陳上花了不少心思，在輕鬆卻深刻的短篇之間，循序漸進地向讀者解釋她虛構的「憑依課」（即負責將亡靈送回陽間附身的工作部門）的運作和附身物件的種種限制。而從亡者的選擇、與「憑依課」的對話和自己悄悄的心裡話中，讀者除了見到亡者對生者的掛牽，更發人深省的是當亡者看到自己一廂情願的時候，那種讓人心酸的無奈、叫人心寒的心痛。

死後，如果「憑依課」找上你了，你一定想要再見的人是誰？

阿嬤為甚麼要附身相機的鏡頭？當阿嬤成功附於鏡頭

之後，竟然發現「自己」置身於二手相機店，見不到讓她牽腸掛肚的乖孫，卻被陌生的孤獨老伯買下，繼續她莫名其妙的憑依之旅。新婚的妻子捨不得丈夫，選擇憑依在丈夫最愛的水杯，卻怎也想不到要眼巴巴地看著自己丈夫與別的女子纏綿在一起。

為甚麼我把你當個寶，你卻把我當根草？人生總是每每都事與願違。

一場從死裡逃生的癌症讓我深刻思考生死的問題。「我的人生沒有遺憾。」在進手術室前，我把這話告訴姐姐，也請她在我有甚麼「冬瓜豆腐」的時候把這話轉告媽媽，好讓她老人家不必太傷心。

雖說人生無憾，但萬一「憑依課」到時真的找上我了，我該怎樣？

「是的，小書，你敵不過病魔，就死在病床上了。」

「這樣啊！我知道你是『憑依課』，我看過關於你的書，在這裡見到你，不就是說我還有遺憾，有心願未了？」

「大概是了，否則我倆也不能相遇。」

「我知道你的工作，我知道憑依規矩，但我真的沒有想附身的對象，要看著自己心愛的人卻不能跟他說話，那種有口難言的依依不捨，更可能被迫看到不堪入目的場景，不就是個折磨嗎？」我想起以往經常做的噩夢，那些被心愛的人拋棄、背叛的噩夢，虛幻空洞的靈魂一直在顫抖。

「聽到你這樣說，我十分遺憾，但你我一旦遇上，我就必須完成任務。」憑依課的態度強硬起來。

「其實我早在讀完你的書的時候就不斷反覆自問，要是一定要附，那我就附在和合石墳場的一棵枯樹上，盡可能高大一點的樹，這樣我就可以看遠一點，可能看到他……」

憑依課亮出他寫好的、帶著囑咐的紙張，我輕輕往紙上一吹，果然一轉眼我就在和合石的山頭，不知道我憑依的這棵枯樹會何時倒下？管不了這麼多了，黃昏的景色真的壯麗，我從沒有這麼近的感受過夕陽的溫暖，鳥兒正趕著飛回家，我是一棵枯樹，樹葉都掉得七零八落了，沒有鳥兒在我的身上築巢，我只感覺到一些不知名的爬蟲在我身上亂竄，很癢。

過了不知多少個晝夜，就在我的樹葉全掉、樹幹乾巴巴得連蟲子都嫌棄的時候，他終於來了，他獨自的來了，要駕車走這麼遠的路，他一定很累吧。他爸媽的靈位就在這裡，儘管不可以經常前來，但我知道他終究會來的。沒有鮮花、沒有祭品，他就是這樣一個不講究儀式感的人。儘管我跟他相隔至少五百公尺，我一眼就把他認出來，從髮型到衣著到步姿，我都一清二楚。

他沒有逗留很久，來去匆匆，我知道以我現在的殘缺狀況，怎也捱不到他下次再來的時候了，如果可以再聞一聞他的味道，你說多好。

幾天後，我終於倒下。

藉著一個個「憑依課」的故事，亡者心中的掛牽從幽暗中釋放出來，生者得以從另一角度窺探死亡，每讀一篇，都似是在提醒自己，要盡力活出無悔無憾的人生。

《致我所愛之人》
作者：東直子
出版社：麥田出版社

這裡

在急症室的病床等候半天，傍晚時分我終於給分配到樓上的普通病房，大概待一個晚上就可以出院吧！折騰了大半天，很餓，晚餐時我還多要了兩塊方包，外甥女送來二姐準備好的日用品：毛巾、水杯、充電器、紙巾、口罩、洗漱用品。

沒有書在手邊，手機成了唯一的安慰，安慰的方法是用簡訊發出求救信號，救我出去！我焦急，我憤怒，我無助，我絕望。隨著時間流逝，我愈發不安。我想知道確切出院的時間，我很健康，不用留院。護士站沒有人，所有護士都在病房內鑽來鑽去，忙東忙西，好不容易才找到一位男護士，我急不可待的問他出院安排。

「如果我不同意呢？」我覺得我有自主的權利，不是嗎？

「你不同意可以申請由法官裁決，除非你有充分理由，否則法官大都會依照醫生的決定。如果你交由法庭處理，你還要在這裡多待幾天，更耽誤時間。」男護士的語氣冷得結冰，彷彿在提醒我，他才是病房中的主事人。

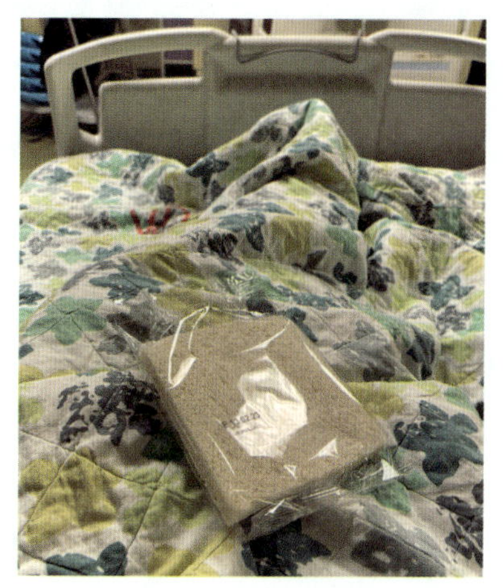

我深呼吸，叫自己冷靜，我死命裝成坦然自若的樣子，在文件上簽署，同意醫生的判決。我的目標明確：配合一切安排，盡早出院。

從普通病房轉到那裡，我得坐上輪椅，被救護員送上救護車。這是我第一次坐輪椅，我覺得十分尷尬，明明是健健康康的一個人，卻要勞煩救護員，我可以自己行啊！但，在醫院，所有事情都有規有矩，我的標籤是病人，就得被照料、聽從指示。

這一年的情人節很特別，我在病房中隔離，在疫症的折磨下，隔離並不是稀奇的事，稀奇的是我並不是在普通的隔離病房。

病房配備雙重大門，醫護人員拍卡進出，我從輪椅上起來，按護士的指引進入病房最盡頭的房間。我沒敢四處張望，但從踏步的數量可知這是一個很大的病房：有大廳，也有不同的、大大小小的房間。

然後，我很快明白，在這裡，你得放棄所有隱私。

進入最盡頭的房間後，護士著我在屏風後脫剩內褲，換上新的病人服，除了紙、筆和紙巾外，所有隨身物品都會被護士收起，出院時發回。我不安也不解，是被監禁了嗎？罪名是甚麼？這次我想求救，但手機被沒收了，怎麼辦？

隔離期是三天，要確定新症病人沒有感染新冠病毒。隔離病房的病床不多，按著入院次序排列，病床與病床之間幾乎是緊貼的，中間由一張倘大的透明膠布分隔。在我右邊的是一位半身癱瘓的老婦，她不能言語，用膳時要由嬸嬸和護士抬到餵食椅上，情緒不穩的她大部分時候都拒絕進食，發脾氣時更會伸手亂撥，把餐盤和食物盡棄地

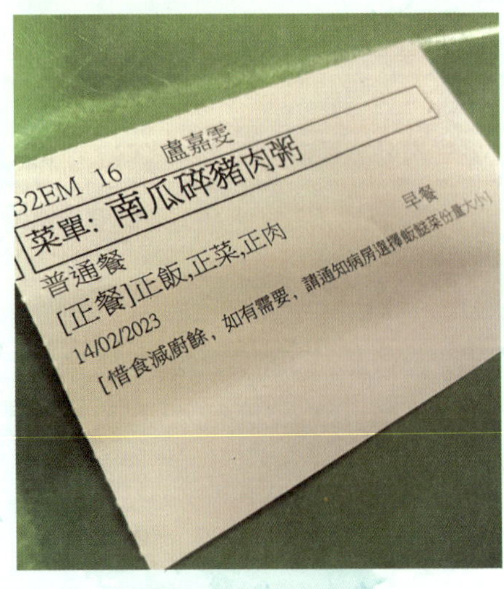

上。在我左邊的是一位多言的中年婦人，第一天，她多次嘗試與我搭訕，表現出對我十分關心的樣子，除了頭幾回禮貌的回覆外，我實在沒有興致跟陌生人胡扯。最惹我心煩的是當我在紙上嘗試記下要做的公事時，她一再追問我在寫甚麼，我皺著眉，擠出無奈的苦笑，用強硬的語氣表示我在工作，不希望被騷擾。她終於心息，轉向對面床的女士訴苦，再後來，我終於發現她是個喜怒無常的人，當護士不答應她的請求時，她便會對護士破口大罵，有時還會用上粗言穢語。

除了以上散碎的喧鬧，隔離病房大都很平靜，除了一次，我看到一個頂著平頭裝、行動異常緩慢的灰髮病者，她慢得像樹懶（後來我知道她可以走得很快，就在跟護士們玩捉迷藏的時候），躡手躡腳的走到我對面病床正在熟睡的病人旁邊，一手拿起別人的紙杯，喝下杯中的水，然後又躡手躡腳的走開。我被她的怪異行為嚇呆，沒敢揚聲阻止她，只好默默等待紙杯的主人睡醒時告訴她，她的水被別人喝了幾口，記得要換新的。

隔離的三天不可接受探訪，我獲安排接了一通視像電話。我沒甚麼可說，也不想說，我叫你為我買紙內褲（病患在這裡只可以穿即棄的紙內褲）、盒裝紙巾和帶兩本書，網絡很差，斷斷續續的，很快便掛斷了線。

也許我還需要更多時間釐清這一瞬間發生的巨變。

在我心情最陰鬱的時候，看到花盆裡長出的新葉子，綠的、紅的、粉的，總為我帶來一點希望。被關進醫院的時候，我當然沒有忘記家裡的植物，我將小花園託付給你，每天澆水這個小任務輕鬆卻重要，你當然答應，你說過會好好照顧我。真的嗎？

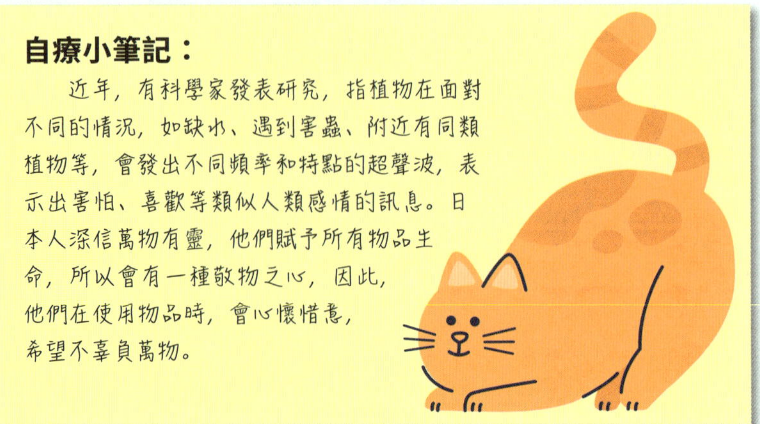

自療小筆記：

近年，有科學家發表研究，指植物在面對不同的情況，如缺水、遇到害蟲、附近有同類植物等，會發出不同頻率和特點的超聲波，表示出害怕、喜歡等類似人類感情的訊息。日本人深信萬物有靈，他們賦予所有物品生命，所以會有一種敬物之心，因此，他們在使用物品時，會心懷惜意，希望不辜負萬物。

夢

我終於做夢了，夢裡的顏色與這裡的顏色反差極大，我昨晚做的是一個歡樂繽紛的夢，而這裡是慘白和漆黑。

「我昨天夢到自己跟大學的朋友到酒吧喝果汁⋯⋯」

我刻意隱瞞，其實夢裡自己明明是拿著一小杯的威士忌，雖然我沒有在夢中暴飲，但那十五毫升、酒精含量五十多度的威士忌使我心虛，非說謊不可。我實在需要快快離開這裡，每一句說話都可能成為讓我繼續被拘禁的憑藉。

「還有想著要傷害自己嗎？」

「沒有了，真的覺得哪個時候太衝動，是個白痴！」

接下來我沒聽到回應，靜謐的房間內只有指尖疾馳敲鍵盤的聲音。我看不到他的表情，因為戴著口罩嘛，而他的眼睛一如既往沒有流露出任何情感。

房間又冷又靜。我開始聽到自己的心跳，沉重而急促。

「我大概甚麼時候可以出院啊？因為公司實在需要我……」

「如我之前所說，按你的情況最少要住院三星期。再說，我剛為你轉了服藥的時間，要再觀察，所以說不定。」

我失望又擔憂，臉上掛著的卻是理解、平靜和堅定的表情。不容有失。醫生每星期只到病房一次，只可以是加分，絕對不能扣分啊！我要快點出院！

其實醫生只是把吃藥的時間由早上調到晚上，早知會耽誤出院時間，上次會面的時候我就不該說吃了藥會瞓、整個人沉沉的，日間會呆呆的。

要在每次短短幾分鐘與醫生的會面爭取表現，表現出後悔所做的事、出院後會好好照顧自己、乖乖按時服藥。

不知道下一次醫生甚麼時候會再來，姑娘總是說醫生很忙，我只好不情不願的繼續等。

其實我不特別喜歡做夢，被送進來之前，我每一晚都

沒睡穩，每一晚都是做噩夢，

每一組噩夢的時間不會多於兩小時，每一晚都在連綿不絕的噩夢中。

自療小筆記：

長期睡眠不足會令人反應遲鈍、記憶力下降、情緒低落、暴躁、產生人際關係問題、有黑眼圈、皮膚變差、免疫力下降、荷爾蒙分泌紊亂、肥胖，甚至患糖尿病及心血管疾病的風險增加，還不快快上網搜尋一下助眠小技巧？GO！

大廳

三天的隔離期順利完成，除了主診醫生，我也見過職業治療師和社福人員，一問一答，我應對自如，為的就是盡力顯示我健康正常的一面，我只想盡快出院。

我終於要離開安靜的隔離病房，離開在床上吃飯、思考、睡覺的生活（這裡的病床沒有配備任何枱面）。走到大廳，我感到渾身不自在，這裡的人很多，大概有四十多人吧！到處都是吵耳的噪音，我想立即退回隔離病房，但這當然是不被允許的。聽說因為另一些樓層有新冠病毒的確診個案，停收新症，但病患可沒有減少，最後只好都擠進這一層。

四十多人的女病房中，有圍坐在一起畫畫的少女，有在做手工的一群，有面向牆壁呆坐的婦人，有獨坐看報的，有的坐在大廳的另一則看著電視播放的午間兒童節目，這是我第一次看到天竺鼠車車卡通，也有被置在推椅上用安全帶繫穩的老婦人，是不怎麼動的癱瘓老婦。

病房的最前方是一個早餐及派藥後至晚飯前都可給大家使用的有線電話。雖然電話只有一個，要使用的人也不算多，熱衷於打電話、又或許說是有人願意接她們電話的，來來去去大概只有十人左右，但這足以構成每日在病房中引人注目的畫面。

最孤獨的是一位南亞裔婦人，她既不懂中文，也不諳英語，令她本已被疾病封閉的靈魂幾近枯萎。排隊打電話的隊伍中，一定可見她的身影，嘰哩咕嚕的說了一大堆，當然沒有人知道她在說甚麼，有時候她多次撥號，卻沒有人接聽，排在她後面的人在鼓譟，她似乎不懂，也不在乎，直到埋怨的聲音太吵，她才不情不願地放下話筒。

另一位電話常客是語帶鄉音的婦人，四十來歲，精神恍惚，每次打電話都是叫兒子快點來接她走，大抵是兒子受不了，通話時間愈來愈短，她沒有死心，不停的繼續撥號，終於排在後面的另一位按捺不住，上前從她手上奪過電話，說是時候換下一位了。鄉音婦人也焦躁起來，罵了幾句粗口，然後到隊尾重新排隊。

輪到我了，有輕微潔癖的我已經很久沒有觸摸公用電話，我打通你從來都是處於靜音模式的電話，不出所料，你沒接，我只好錄下留言，簡單說明大廳的情況，留下我的絕望，請你盡快來探訪，多帶幾本書給我。

日常

在幼稚園，你得在書包、小課本、練習本、毛巾盒、食物盒上貼上自己的名字。小朋友總是丟三落四，物品貼上名字，冒失鬼丟了、拿錯了，也可方便尋回。

在這裡，在這個病房，每樣物品都要用麥克筆寫上名字。

在你帶來的盒裝紙巾、書本和筆記本上，我用麥克筆寫上自己的名字；你帶給我用來裝著這些東西的紙袋呢？病房嬸嬸見到紙袋手抽的繩子，急忙著我把繩子拆下交給她，說這是不容許在病房內出現的。我不解，她暗示這是危險的物品，以前有病人試過用繩子在洗手間內傷害自己。恍然大悟的我配合地解下繩子，一邊哀念失去了手挽的紙袋，一邊想到紙內褲、不能穿戴胸罩、除了晚上不能逗留的睡房和那個讓我尷尬萬分和窘迫非常的洗手間。

洗手間，一個理應是很隱密的地方，就算是公眾洗手間，也會確保使用者的隱私得到保護。在精神病房內，洗手間卻是一個迫使你放棄隱私權的地方。洗手間每一個廁格的門都特矮，就是你如廁的時候，一抬頭，其他在洗手

間內的病患就會跟你打個照面，雖說大家也是女性，但我一直仍是跟尷尬、難堪和羞愧的感覺糾纏，直到現在回想起來，也不禁起雞皮疙瘩。洗澡呢？ 40 多人，分用四格浴室，同樣是可以跟外面的人互相觀望的境況，使用率高和日漸老化的按壓式淋浴設施，時冷時熱的水溫，一切都驅使你抗拒洗澡。

金兒

「我灌下一瓶殺蟲水自殺，我不開心嘛，生活很苦。」說出這些的時候，金兒一派自若，嘴角滲著天真的微笑。

「你猜我多大？」金兒問我。

金兒是大廳中的開心果，是典型動漫世界中的「御姊型角色」：外型、個性和氣質成熟，才不過 18 歲的年紀，身高一米七，無論是老病人還是十幾歲的女孩都聽她的。

「到你猜我的年紀了。」我說。

「20 多？」她回答說。

我心裡暗喜。其實不用猜，每位病患都要戴著一條印上自己名字和年齡的手帶，有意或無心，很容易就看到。

金兒很高也很胖，性格開朗，有著與外表很不相稱的童心，在這裡住了兩個多月，可算是病房中的舊人了。她跟護士們很稔熟，會被默許當小助手，在每天三次的量體溫、血壓流程中幫手，也會哄正在鬧情緒的病人吃藥。

「我當時自己一個住，親人都在大陸，我有找工作啊！做過便利店，一個人真的很慘。」金兒嗓門大，說話的聲浪總會把我從字裡行間拉出來，但我樂於聽到她的聲音，讓我重回現實。

從隔離病房到大廳，除了要適應擁擠的日間生活，晚上睡覺也是一個新挑戰。病房實在很擠，那時候我已經獨居兩年多，身處一個比小學生宿營的房間還要擁擠的地方，光是看見病床貼著病床的境況已經讓我渾身不舒服。

脫下拖鞋，從床尾的位置爬到床上，帶輪子的睡床發出吱吱嘎嘎的聲音，蓋上兩層薄被子，我幻想著當旁人一個轉身、一個咳嗽、一個噴嚏、甚或是一個呵欠，都會讓我神經異常繃緊，究竟誰是我的鄰床？

小寶早就告訴我她被編在睡於護士辦公室對出的位置，對面床是蘭婆婆。

晚上九時，是病房關燈的時間，不論你是否睏了，都得躺在床上，保持安靜。

結果揭盅：在我右側的是那個喜怒無常又多言的中年婦人，左側的是金兒，我就彷彿置身於天堂與地獄之間。

多麼困難也要硬撐，幸好藥物發揮作用，我除了第一晚躺了很久才入睡之外，其他的晚上也不至難熬。

習慣早起的我適應力強，清晨六時左右起床，可以享受到一個不用肩膊貼肩膊的洗漱池，儘管到了第四天我才知道洗漱池的水龍頭也有熱水供應，每天我也是最早起的其中幾位。

小寶

「你晚上真的能入睡嗎？！你聽不到燈一關掉的時候，房門外就會傳出很吵耳的聲音嗎？我整晚沒睡。」小寶說。

「吃特別餐的請出來排隊取餐。」慧姐是其中一位病房助理，她的聲音特別響亮。「到普通餐的了，出來排隊。」小寶吃的是特別餐，我跟其他大部分正常病患一樣，吃普通餐。

「我睡得還不錯，一覺瞓天光啊！」我漸漸適應大廳的日常，回答的內容愈來愈長。

今天的早餐是香菇素粥，棕色的菇菌被攪得稀碎，我幻想著香菇的香氣和味道，大口大口的嚥下淡如開水的粥。

「唉，又要吃通心粉，怎麼辦啊？」小寶的臉色一如既往的蒼白，雙手微顫，聲音細弱，頭上頂著的是極之稀疏軟弱的短髮，是癌症病人因化療掉落後重生的頭髮。

「不是你要求特別餐的嗎？特別餐就是通心粉啊，比我的粥好多了，粥沒有味道。」小寶是我在病房中第二位認識的院友，我們同一時間接受入院隔離。

「我真的受不了他們的粥，吃了總覺得噁心，無可奈何之下才選擇通心粉。」

看來我的策略不管用，吃粥的時候，小寶覺得通心粉好，吃通心粉的時候，小寶覺得粥好。我無言。

「吃完這一餐之後，就要跟你說再見了。」小寶病得一定比我嚴重，同一天被送進精神病院的我們，她竟然可以比我更早獲釋？

「你的意思是……？」

「青山跟這裡的房間是一樣的嗎？我聽說到那裡要被單獨囚禁，到時只剩下我一個，只有更恐怖了。」

我一臉茫然。

「他們說我要轉院了，吃過早餐就要走。」

「誰說的？」

「每個人都知道了，他們說的。」

「嗯……」

想不到比較投契的小寶這麼快就要離開了，大廳想必會變得可怕起來。

原來原來

直到我出院那一天，小寶還在病房裡。早、午、晚餐和自由活動時間，我和小寶大都坐在一起，她每天都重複說著醫生要把她轉到青山醫院，她感到非常害怕，有一天早上，她更篤定當天她會被押走，早餐過後，她淡淡的告訴我，自己已經把牙刷丟掉。

「我要轉院了，牙刷都用不著了，所以我把它丟掉。」

「不是吧。」

「不相信的話你一會兒看看吧！」

我沒有心情回話，悄然把視線投向書本上，小寶也安靜起來，到護士台領報紙看。但沒過一會兒，全個病房都被護士的一聲慘叫嚇呆了。

「你咬我？」受傷的護士向著蘭婆婆喝喊過去。

蘭婆婆沒有回話，事發前，護士正想把蘭婆婆用約束帶固定在推椅上。

蘭婆婆大概 60 多歲，她是在大廳中第一個吸引我注意的院友，她不良於行，但也不甘整天被安排坐在推椅上，時常大叫大嚷，叫護士把步行架給她；除了不知道是罵誰的髒話外，蘭婆婆也會以哀慟的腔調高聲唱起悲歌，然後突然罵髒話，然後再唱歌。

這回蘭婆婆發狂，大概是想離開推椅，但護士不許。被咬後，幾個護士跟護工嬸嬸立即增援，她們嘗試把蘭婆婆高舉的手壓下來，用幾條約束帶固定在推椅，大概在雙腿失去活力以後，蘭婆婆的力氣都往手上去了，在不要讓蘭婆婆受傷的前提下，幾個人花了十多分鐘才把她制服，而這十多分鐘內，盡是護士跟護工的勸說與蘭婆婆奮力掙扎的叫喊。

最後，蘭婆婆被帶離大廳，置在遠離大家的地方。

要記著的究竟是甚麼？
讀《你好，這裡是記憶花店》

一個傷心的童年經歷，埋下了主角曹學奕迷失於尋找回憶碎片的種子。蔯薇花店由店長、副店長和一個店員經營著，三人都是二十來歲年輕人，店長不打工而開起花店來並不為夢想，而是為了追溯記憶。

植物真是有療癒的力量，安頓好新家之後，在友人的鼓勵下，我開始在窗台種起各式各樣的綠植：家樂花、紫絨葉、網紋草、碰碰香、多肉植物、彩葉草……短短一年多的時間，窗台滿布大大小小的盆栽，最讓人感動的時刻是看到植物長出新的葉子，向四面八方蔓延，讓我深刻的體會到自然的生命力。

「記憶有味道，也會儲存在物品上。」曹學奕解釋道。「除了我們所知道的大腦外，人的記憶還以其他方式儲存著。」游碁惟用白話解釋。

窗台給堆滿盆栽後，我瞄上了鮮有用到的飯桌，添了兩個簡約的玻璃花瓶，搭上一束束自己胡亂配襯的鮮花：嫣紅、淡紫、亮黃、翠綠……用不著超凡的插花技藝，繽紛的鮮花自帶芬芳和美感，笨拙如我也可輕易擺出怡人的插花。

店長曹學奕和副店長游萫惟經營的菽薇花店從來都把賣花弄成副業的樣子，不是因為他們不愛花，而是在這裡，花是一種有著非凡意義的神聖存在。執行記憶追溯的儀式需要委託人帶上一件逝者的物品，那一定要是一件逝者最珍視的物品，把物品帶到逝者往生的地點後，如果幸運地搭通了，曹學奕便可感應到那件遺物的專屬花香，這時候游萫惟便會抓緊時間從工具箱中挑出早在店內用鮮花提煉好的花精，在匹配的香氣牽引下，曹學奕便可以看到逝者生前的重要片段，而這些片段剛好就是委託人所要找尋的記憶碎片。

氣味的確可以牽引回憶：白蘭花的氣味跟那位在人行隧道口擺賣五塊錢一包的白蘭花伯伯對接上、white musk 原來是白麝香，是我人生中第一支擁有的香水的味道、百合花的香氣濃郁得讓人覺得它總是恃勢凌人，每次它們盛開，我都不得不把它們關進浴室。

明明約定了往後的人生，她為甚麼要結束生命？兒子畏高，他怎會從學校的天台掉下？姐姐意外離世，她究竟想要著作寫上一個怎樣的結局？「神秘的記憶花店，可以幫人找回遺失的記憶。」吸引的介紹早已被刊登在社區的報紙上，有人一笑置之，也有半信半疑的找上門，也有深信不疑的準備好迎接失落的逝者回憶。圍繞花店發生的故事以單元形式推進，作者同時逐步逐步拆解主角曹學奕的心結。

假如六歲的曹學奕沒有嚷著在生日那天要媽媽帶他到遊樂場，媽媽就不會命喪摩天輪之下嗎？背負著沉重而悲傷的回憶碎片，曹學奕找不到原諒自己的憑據，當知道自己有回溯逝者記憶的能力後，媽媽的每一件遺物都變成重要的線索，他不斷嘗試，一次又一次把自己送回傷心的遊樂場，但總是跟媽媽的回憶擦肩而過，直到曹學奕知道爸爸已放下、游碁惟的身份謎團被解開……

「我覺得你們不是尋找記憶的人……。」

「其實這裡是一間記憶花店，你們並不是去尋找死去的人的記憶，而是幫活著的人修理記憶。」

如果真的有記憶花店，你要去嗎？不知道收費如何？

「人的力氣是有限的，若是用力記住傷心，就會忘了美好的部分。」也許重要的不是獲得逝者的記憶，而是從失落的記憶碎片中得到解放，不再把傷心活成是自己最重要的事，繼續好好生活。

《你好，這裡是記憶花店》
作者：肆一
出版社：三采文化

花無百日紅

她從來不是一個喝酒的人，直到婚姻結束，直到她知道原來酒精是毒品，直到她開始向醫生隱瞞她酗酒，直到她決定提出結束兩年的短暫婚姻。

難纏的手續，難纏的離婚訴訟。

跟前夫待在一起七年的時光，直到經過最後數個月的冷戰與糾纏，她才終於願意清楚確定他究竟是個怎麼樣的人。

他做任何事都有目的，他做任何事都是計算。他教她對人要事事防範、做人要不留餘地、最可信的人永遠只有他。

「沒有我，你甚麼都不是。」

他告訴她，如果她沒有了他，她

甚麼都不是。他開始天天對她說：花無百日紅！因為她跟他一起之後長胖不少，大概胖了十多公斤吧！他說除他之外，根本沒有人會愛她。

她當然相信，因為她愛他，直到她不再愛，直到她遇到另一個他。

「她完全沒有付出，資產聯名，是因為我顧念她將會是我太太，我才加上的，現在分開了，她沒資格取得一分一毫！」前夫對法官說。

她在顫抖，她沒有前夫的狠辣，更完全沒想過他竟然戾橫折曲。公司的每一位同事都可以、也願意作證，她永遠夾在他與同事之間，接收並過濾他的尖酸刻薄，迎合他的處事方式，每天與他並肩工作，或在公司，或在家中，她都不敢躲懶。

獲盈利的是她負責的業務，錢投進的卻是前夫的帳戶，因為他說她不懂理財。這宗離婚訴訟用不上證人，選擇自辯的他竟然比有代表律師的她氣勢更焰，這一刻她孤立無援。

文件不齊備。下一庭安排在半年之後。

短短 15 分鐘的審訊比馬拉松更磨人，步出法庭的她筋疲力竭，緊張得耳際只聽見自己的怦怦心跳聲，腦海中只有前夫猙獰的臉。

她知道今晚等待她的，只有讓她汗流浹背的噩夢。

自療小筆記：

小書：不要因為別人一句說話，帶走你一天的快樂。

阿濃：要用自己的一句話，帶給人整天快樂。

（摘錄自小書的社交媒體專頁）

白髮

又見到白髮了，我在猶豫，拔還是不拔？雖然只有一條，但它就是要從那片黑海中跳出來。「拔一條長三條，見到白髮千萬不要拔啊！」第一次聽到這句話，是從媽媽口中吐出，一記便是 30 年。

20 多歲的時候，我把一頭長髮染成棗紅，雖然不是漂染，但在陽光下紅色的髮絲在空氣中飄揚著，我一方面感覺新鮮，一方面又怕學校的上司會覺得我太過分。那次之後，我便再沒有染過頭髮，幾年前，我更把一頭留了近十年、曾經珍而重之的長髮剪掉，理成一頭利落的短髮。

長頭髮是初戀男朋友心目中的理想女神形象，我花了很長時間把一頭稚氣的短髮留長；現在你喜歡的是短髮，我沒有猶豫，反倒是髮型師叫我考慮清楚，因為他曾經有一位顧客在把長髮削短後，癱坐店內哭成淚人，還嚷著要投訴他。一朝被蛇咬，十年怕草繩，因此第一次我沒有成功，髮型師只願意把我的及腰長髮剪成冬菇頭，還著我要好好想清楚。

不出兩星期，我到訪另一家理髮店，是現在十分流行的免洗髮速剪店，終於順利把冬菇頭理成一頭層次分明的露耳短髮，我十分滿意，覺得自己很有型。不知道是否短髮讓白髮更明顯，還是我真的到了要長白髮的年紀？

「一般來說大部分的人在 35 歲會開始長白髮，50 歲後白髮量就會特別多，而有研究發現 60 歲時，約有一半以上的人會長白髮。」孤狗醫生說，「拔一根長三根是錯覺，白髮拔了也不可能再長出黑髮，所以還是放著自然生長、掉落就好。」原來如此，但我終究按捺不住，在見到第三條白頭髮時，一口氣拔了三下。

不是說年紀愈大，新陳代謝愈慢嗎？怎辦白髮好像違反自然定律般快速生長？胖肉也是，這一年內我長出十公斤多餘的肉，只好自我保護的說是心廣體胖，真是嗎？

「舍曲林的耐受性與其他藥物無明顯差別，通常都會導致一些不良反應如腹瀉、噁心、震顫、性功能障礙和體重增加。」這次我諮詢的是維基百科醫生。

不是說舍曲林沒有體重增加的副作用嗎？在診症室內，我明明問得一清二楚。長胖了的確不好看，但吃藥後這大半年以來，我的心情一天比一天平靜，同時，我又想起患癌前一年，仍不知噩運將臨的我因悄悄下降的體重而沾沾自喜。

自療小筆記

曾經訂下新年目標，一年內不會買超過五件衣服，因為搬家時發現自己有太多買回來後一次都沒穿過的衣服了！轉眼踏入春夏轉季日子， 赫然發現衣櫃裡多了幾條連身裙、幾件襯衣……

所謂順其自然，並非代表我們可以不努力，而是努力之後我們有勇氣接受一切的成敗。在順其自然中努力，在努力中順其自然。

如果無能為力，那就順其自然，這是無奈中的積極。

好，可以多買幾件衣服了，胖了一點，舊衣不合身嘛。

死亡可怕嗎？

你已經死過一次，為何你不珍惜生命？

是心痛也是嬲怒，你似是在責備我，卻也在默默流淚。

我那不踏實的感覺不是無緣無故的。

這幾年種下的小苗，等不到它們的根抓緊泥土，就給拔走、遷移、給植在另一個陌生的地方。儘管我不是一個會為將來打算的人，反覆的建立與摧毀，總叫人心累，有些時候我還是渴望到達終站。

我那不踏實的感覺真的不是無緣無故的，特別是當自己給一次又一次的推倒後，愛逞強的我明知道自己再也站不穩了，也要用手、用頭、用肩膀把身體往牆角一擠，勉強的支撐起來，結果弄得一身傷痕。

在人前我總是笑著裝著，恐怕自己的弱點給發現，我愛逞強，生活就是這樣糾纏在無緣無故的堅持中。

我活得糾結，但這就是我熬過這些年的唯一憑藉。

路一直都是我自己走過來的，我嘗過給捨棄的味道，我害怕、也不懂得怎樣去依靠一個人，告訴我是怎樣可以做到的，可以嗎？

你可以拔走牆上的釘子，卻無法隱藏那點點的破洞。

我是如此的暗淡無光，零落破碎，你卻連那一點溫熱都不留給我。

自療小筆記

後來我漸漸明白，逞強不是堅強，堅強是遇到低潮不會閃躲，逞強是明明不會也硬要闖。堅強，就懂得自己能耐有多強，知道能耐，就不需逞強，逼自己裝強。從此，我卸下那副遮蓋內心疲憊與擔憂的面具，變成堅強的自己。

被遺忘的一角

城裡發生駭人聽聞的謀殺案，患有精神分裂症的疑兇在毫無預警下用鋒利的刀把兩名不認識的途人活生生刺死。據說疑兇原定於案發的數天後到精神科覆診。

精神科分科診所在獨立的大樓內，第一次到那邊看診是出院後的一個月，舍曲林的副作用早已把我的身心撕咬成碎片；那是一種抗抑鬱藥，主要用於治療成人重度抑鬱症。出院前，我早已從醫生口中得知舍曲林的副作用，醫生說幾個星期後副作用便會消退，一定要堅持按時服藥。

除了出院那一刻因為重獲自由的亢奮使我有那麼的一種錯覺認為自己經已完全康復外，接下來，我的身心一直陷於無底深淵。

我不敢違抗醫生的旨意，生怕再被關進那門後有門、窗外有窗的封閉病房，每晚睡前乖乖的把正方形的小藥丸送入口中。我無法集中，儘管我知道在家休養也要勤奮地追回落後的工作進度，但每當我坐在電腦前面，看到的只是一片無力和蒼白。

我嗜睡，失去對晝夜的感知，醒來大多是為了喝一口

水或者上一個廁所，我像一隻老貓，一天總要睡上 20 小時。我記不清楚自己有沒有洗澡，大概足不出戶的我沒有這個必要。面對自己的頹廢，我很難受。

我會肚子餓，但我吃不下，勉強吃下一點，就會立刻感到陣陣噁心，接著胃酸就逆流到咽喉，然後我便要使勁的把一切都鎮壓下去，才可以挪回床上。

最令我沮喪的是失去閱讀的能力，我的枕邊放著一本書，反反覆覆被揭開的只有目錄那兩頁。

公立醫院的候診室很大，大得足夠擠滿七八十人，塑膠座椅被連成八張一排，進出都得側身跨過一個又一個的陌生病患。口罩未能遮蓋我的不適、焦躁與無奈，公立醫院的候診時間很長，去一趟動輒便要花上一個早上，我得擠進中間的空位坐著等。

我渴望寧靜，但這在精神科的候診室幾乎沒有可能。後面一排坐著一對母子，男孩 13、14 歲，穿著刺眼的紅色上衣，無論媽媽跟他說甚麼，他只會大聲吆喝「我要去學揸巴士呀！我要去學揸巴士呀！」而正前方靠近醫生房間門外停靠著一架輪椅，輪椅上坐著一個七八十歲的老伯，只見他雙眼半開半合，口罩蓋著他的嘴巴，卻阻不了從他嘴裡不斷發出的悲悽慘叫聲。我在座位上不斷顫抖，左顧右盼，叨唸著希望盡快被醫生召見。

自療小筆記

看過一個網絡小故事：

父親找不到手錶，他抱怨著四處尋找，可半天也找不到。等他出去了，兒子悄悄進屋，不一會找到了錶。

父親問：你怎麼找到的？

兒子說：我就安靜的坐著，一會就能聽到滴答滴答的聲音，錶就找到了。

越是焦躁，越找不到自己想要的，只有平靜下來，才能聽到內心的聲音。

心簡單，世界就簡單，幸福就生長。

無休無止

抑鬱症會痊癒嗎？在我的認知中，抑鬱症是會反反覆覆、纏繞患者一生的夢魘，這個印象源於電影、電視和新聞的渲染。出院後，熬過了幾個月的黑暗時期，我總算漸漸適應藥物在體內的作用與副作用，生活漸漸返回原有的軌道。

在香港，治療抑鬱症主要有三個方法：藥物治療、心理治療、腦電盪治療。

醫生會處方藥物為抑鬱症病人控制病情。使用的藥物主要有兩種：

抗抑鬱藥：用以平衡腦部化學物質失調

鎮靜劑：可以暫時舒緩病人焦慮的感覺

藥物能在三至四星期內減輕抑鬱症症狀，病情可於四至六星期後得到改善。一般來說，初服抗抑鬱藥病人最少要在病徵消失後繼續服用藥物四至九個月；若病情嚴重或屢次復發者，則需在病徵消失後最少繼續服藥一年或以上，病人需聽從醫生意見。

藥物副作用

服用抗抑鬱藥初期，病人可能會出現便秘、肚瀉、口乾、嘔吐、昏睡、失眠、頭暈、頭痛、倦怠、體重增加、視力模糊或感到呼吸困難等，情況因人而異，待身體對藥物適應後，副作用會漸漸消退。

服藥須知

服用抗抑鬱藥物，必須定時定量，切勿突然自行停藥或調校劑量。如對劑量有任何異議，必須先行與醫生商量。

走出精神科醫院至今已經有一年多的時間，首半年的覆診相隔時間是兩個月一次，到最近已經變成四個月一次了，舍曲林的劑量由最初的一粒到一粒半、到現在的每晚兩粒。

我也是個人，我不過是個人！實在不想有著長期服藥的人生，尤其是在副作用蠶食我身心的那幾個月，我每一天都想停藥！但我怕，我真的很怕，怕再次被關進那個白色的牢籠。在偷偷停藥的那幾個夜晚，我沒有期待中的輕鬆感覺，反而出現了藥物戒斷的症狀：心悸、失眠、呼吸困難、噁心，整個人就像掉落無底深淵一樣，只見到漆黑。

縱然在這一年多的時間內我長胖了十公斤，但我的情緒完全穩定，以往幾乎每天出現的消極低沉與自我懷疑早就失去影蹤，我一天比一天快樂，心甘情願的每晚準時服藥。

「我覺得自己愈活愈快樂。」笑容滿面的我望向正在駕車的你。

「我感覺得到，我為你感到高興。」你瞥我一眼，嘴角上揚。

綠色的光芒

種植是由 2022 年開始的嗜好，緣起是媽媽送贈的一盆「發財樹」，殊不知一頭栽進了泥濘後，我漸漸認真起來，想找一些相關的課程修讀。有關植物的課程，最容易讓人聯想到的一定是插花班，但一向神經大條的我絕對與花藝這般優雅的活動無緣。死心不息的我，最後在一個求職網站中看到園藝治療的介紹：「園藝治療師 / 以植物作媒介 / 療癒服務對象身心靈」，就這樣在我意識到自己的情緒出現狀況而又未去求醫之前，我遇上了園藝治療（horticultural therapy）。

2022 年末，我完成了園藝治療的基礎課程，然後我許下一個小小的願望，希望來年可以修畢園藝治療的課程。理查德·洛夫（Richard Louv）在《失去山林的孩子》（Last Child in the Woods）一書中提及「大自然缺失症」(Nature-Deficit Disorder)，兒童因疏離自然而產生過胖、感覺遲鈍、注意力不集中的身心症狀，也缺乏對大自然的尊重，不理解食物來源，對植物陌生。

其實，不只兒童，在城市生活中的每一位都彷彿成為「大自然缺失症」的受害者。園藝治療課程的課業頗為繁重，學員不但要完成個人及小組的功課，也要應付考試，課內有園藝活動，課外要到社福機構當園藝實習助理、到有機農莊學習和考察，上課的日子大都佔去周六及周日整天的時間。但奇怪的是每次當我完成一整天的課，我都是帶著幸福的微笑回家的。

園藝治療發源地是美國，傳到亞洲（包括香港、台灣等地）是近二、三十年的事，《綠色療癒力：台灣第一本園藝治療跨領域理論與應用大集》一書說明，園藝治療是藉植物啟發人的五官六感，從視覺、聽覺、嗅覺、味覺、觸覺以及接觸自然大地，感受植物的生命能量，產生愉悅的心情，可以療癒和撫慰人的心靈，有助於治療病人，也能增進一般人的身心靈健康。

記得在一次的到校作家講座中，有同學問到，如果小書沒有生病，第二本書寫的會是甚麼？過去一年，我投入了不少時間修讀園藝治療相關的課程，也考取了國際認證園藝治療師的證照，為了接觸更多自然空間和種更多植物而搬家到村居，開了自己的園藝工作室，自己辦工作坊，也會到不同的學校和機構開園藝班，今年年初更與朋友合租了一個 2,000 呎左右的小農莊。

所以，如果沒有生病，我的第二本書，一定跟植物、跟園藝有關。

現在，我在村居的陽台種花種葉，每天澆水時感受一臉清新，觀察植物教我的人生哲理。迷你楓樹是花墟常見的盆栽，因著對紅葉的嚮往，很多人都會忍不住買它回家，但在香港炎熱潮濕的天氣下，迷你楓樹實在不易存活，相信不少楓葉迷也像我一樣「買一棵，死一棵」。這已經是我第三次買迷你楓樹，其實早在今年農曆新年前，它已經枯萎，我一直把它擱在露台，繼續澆水。怎料有一天澆水的時候，赫然發現幾枝枯枝中竟長出了新的楓葉！天啊！植物的韌性真的令我佩服不已！每天早上，我也在陽台上觀看生命的奇蹟，在一片生機盎然中開展新的一天。

而在小農莊內，除了設置花圃外，我也嘗試種菜，雖然屹今為止還是不太成功。常聽有種菜經驗的朋友說種菜很容易，隨手將一把種子一撒就會長菜結果。躍躍欲試的我在花墟買了種子，把泥土翻好就播種，兩星期後長出子葉，再過兩星期就長出了真葉，雖然菜葉上有被蟲蛀的小洞，但別人都說有機種植的菜不加農藥，就是會有蟲蛀的小洞啊，這些菜照樣可吃的！我高興得在田間手舞足蹈。一星期後我再到農莊，發現菜葉上的蟲洞真的多得嚇人，細看之下，葉面有很多小蟲跳來跳去，我用手機拍下小蟲的模樣，然後狠下心把所有已經長到十厘米高的菜苗拔掉。

回家後，我翻開筆記和參考書，終於找出把我的小菜苗吃掉的「兇手」！牠們就是俗稱「狗蝨仔」的黃曲條跳甲，是菜心、白菜、蘿蔔等十字花科蔬菜的主要害蟲，尤其對蔬菜幼苗遺害最大！

第一次有收成！

園藝的世界真是深不可測，園藝治療更是很值得花時間鑽研的學問。

很快我就會去參加嘉道理農場的城市農夫課程，我一定要成為一個稱職的城市農夫！

農莊內的小書！

自療小筆記

接觸植物，讓我體會到快樂真的很簡單、很純粹；在工作坊的過程中，看到參加者的笑容，就是最好的禮物。

用餘生寫餘生——《餘命 10 年》

最近常看到「珍惜生命」四個字，但伴隨這幾個字的不是希望和光明，而是一連串的求助網站和熱線，因為「珍惜生命」往往是大剌剌地被刊在自殺新聞中的呼籲。

雖然《餘命 10 年》是小說，但每一個章節都隱約見到作者小坂流加的身影。小坂患上無法醫治的原發性肺動脈高壓症，一種以二十至四十歲年輕女性發生率較高的心臟、肺臟及血管系統嚴重病變疾病。一開始，患者會有容易倦怠、持續性氣喘或運動後呼吸困難的症狀，隨著病情加重，會逐漸出現心悸、周邊水腫、突然昏倒的情況，由於心肺負荷愈來愈加重，患者發生肺高壓、呼吸困難、心肺衰竭，甚至死亡的風險也愈來愈高。

想珍惜生命，卻被命運作弄，小坂筆下的女主角高林茉莉一登場就為故事寫下結局，身患無藥可醫的罕見疾病，被醫生告知只餘命十年，她問自己、也問讀者：「如果只能再活十年，你會做甚麼呢？」

比起哀嘆命運，小坂和茉莉都情願笑著面對，把一切看開。面對不治之症，二人都選擇了積極創作：前者寫小說，後者埋首製作角色扮演服裝，也畫漫畫投稿，渴望作品終有一天被出版成書。她們都想要創造出甚麼留下來，起碼留下一個在這世上活過的證據。

住院兩年的煎熬令茉莉明白「放棄是唯一的救贖」，因為「不肯放棄而緊抓住不放的東西，滑溜地從她指尖離開的感覺就是絕望吧。」所以不談戀愛、不對別人留下任何不捨之情是她堅守的底線，但世事弄人，在同學聚會上遇上的真部和人逐步令她的底線崩潰。享受著和人愛護的茉莉嘗到前所未有的甘甜，平凡的生命刻上一段又一段溫熱的回憶。她開始眷戀生命，懼怕死亡，這時才猛然醒覺，自己是個生命終點迫在眉睫的病人。雖然戀愛讓茉莉徹底絕望，但她沒有後悔，因為「只要活著就確實可以碰到幸福」是真的，只要活著！只要活著！至少她愛過。

「聽到醫生宣告只剩十年可活後的十年。我再三小心，盡量不創造重要的人事物活到現在。我這份努力變成現在的安心。」親手結束珍視的愛情，茉莉很快便迎來了生命的倒數，重整心情後，她在病榻上完成漫畫的單行本，見證它出版，在完成最後一件手作服交給好友後，想做的事情終於都全部做完，茉莉感覺圓滿，坦然無懼。

自療人生 勇敢面對直到看見希望

《餘命 10 年》
作者：小坂流加
出版社：高寶

「珍惜生命」是對站在懸崖上的人的吶喊，更是對所有活人的警醒：在生命走到終點之前，一定要圓滿自己的人生！只要還有一口氣，就可以碰到幸福。

在完成《餘命 10 年》後，小坂流加病情惡化，於 2017 年 2 月去世，享年 38 歲。雖然來不及見證自己的首部著作出版，但她寄託在書中的一切，將會永恆流傳。

自療小筆記

在人生路上，我總是個幸運兒：

病房中，我是唯一一個動完手術之後也可「走來走去」的病人，因為我被切開的是頭部，其他病人動手術的地方都在軀幹。

我有愛我和我愛的家人。雖然媽媽總是很煩很兇、大家姐總是一副大家姐的霸氣模樣、二家姐總是吸煙，外甥們總是只顧打機、蹓躂在外，但家人之間的感情隨著大家年齡的增長，愈來愈緊密，我們都愈來愈珍惜彼此。

我有愛我和我愛的同事。同事都很幫忙，任勞任怨，盡心盡力，沒有嫌我是一個麻煩、挑剔、神經質的處女座老闆。

身邊總是圍繞著好人，他們都做著好事。

我說我是個「幸運兒」，意思不是我總靠好運，事實上人生中就是不會有那麼多好運眷顧吧！人也總不能只盼好運的降臨。

我說我是個「幸運兒」，因為在這個年紀，總算漸漸學會讓自己坦然的待人處事。

小說

這一年，我瘋了似的在看小說。

在此之前，我讀過的小說少之又少，初中的時候，身邊有幾位女同學都沉迷於「尋夢園」系列的小說，每當我看到她們拿著印上俊男美女封面的小說，便會鄙視她們的不切實際和幼稚，浪費時間在虛構的愛情故事。由那時開始，在我心目中，小說就是脫離現實、浪費時間的存在，加上當時的我性格急躁，實在沒有閒情逸致把時間浪費在讀小說上。我承認我對小說一直有著很嚴重的偏見，這是始於年少時根深蒂固的印象。

出院後，我在網上尋找《香港人魚錄》一書，想買，結果在網上書店找不到，公共圖書館以至大學圖書館的網頁上也搜不到相關的紀錄。我安慰自己，這本書出版於 1913 年，一定是年代太久遠，而且題材冷門，所以圖書館沒有進書吧！不怕，有孤狗。

「華萊士在出版《香港人魚錄》的 1913 年去世，享年 90 歲。」小說中是這樣寫到的。

我在大學的課堂上聽過盧亭魚人的傳說，那是香港絕無僅有的神話人物，傳說盧亭魚人是東晉叛軍將領盧循手下的後人，因為逃到海上，所以漸漸變成半人半魚，吃海產維生，也喝雞血，後來更會以海產跟村民交換雞隻。傳說中香港真的有人魚出現過，好幾本古籍也有相關的記載。

「《香港人魚錄》……是否真的存在呢？很遺憾，答案似乎是否定的。更多的看起來是岩井俊二的虛構，或者某人對於華萊士之名的冒用。至少就阿爾弗雷德．魯瑟．華萊士（Alfred Russel Wallace）本人而言，並未有出版此著作。」

我瘋了似的在看小說，這是我在病房內唯一能做的，緩解我的恐懼、消磨我的時間、更是把自己從其他病患割裂開來的最佳方法，因為在我看書的時候，我總是表現得格外專注，像是架起了一重厚厚的隔音牆，可以假裝正常、假裝聽不到其他病患的絮語與嚎叫，裝出一副生人勿近的樣子。

按照我的描述，你從我的書架上挑選，把七八本書帶到探病室給我。《華萊士人魚》是入院前在讀的小說，擱在床邊，翻來覆去都在讀開首的幾頁，因為這不是一個易讀的故事，作者岩井俊二創作虛構的故事同時加入不少海洋科學知識、真實的人物如達爾文、英國博物學家華萊士，這更讓剛出大廳的我感到這個起源於香港的人魚故事似幻似真。

在讀這本小說之前，請大家暫且放下心目中的人魚形象，不論是迪士尼童話式的可愛人魚公主，還是周星馳電影中的搞笑人魚。

1884 年，華萊士來到香港後，跟當地的富商好友海洲全到雜耍團看人魚表演，買到了一條雌人魚。雌人魚不久後誕下一條小美人魚，名叫鱗女，後來，海洲全的兒子海洲化與鱗女相戀。「一八九八年，鱗女，妊娠。」這就是《香港人魚錄》的結尾，也是《華萊士人魚》的開端。

故事版圖橫跨香港、葡萄牙的聖瑪利亞島、日本、佛羅里達、阿拉斯加的白令海（太平洋最北端的水域），也因為人魚的壽命遠比人類長，情節穿梭古今。

鱗女苦笑：「可是請各位明白，要了解我們很困難，你們不可能理解一切。」

面對經驗豐富的海豚研究員和資深的自然雜誌記者，鱗女雖然無奈，但苦候百多年，她終於迎來自己最想見的兩個人，可望完成使命。

在病房的大廳，我用了兩天把故事讀完一遍，字裡行間的人魚從外型到生活模式，都與我心目中的固有印象截然不同。

「所謂的超音波是你們的詞彙。對你們來說，世上只有兩種聲音：聽得見的和聽不見的，那就是你們所認知的極限。」研究員堅持要鱗女解釋人魚間的溝通方式，面對自以為是的人類，鱗女的回應就如當頭棒喝。當人類以為科學可以淩駕自然、只懂得以自己的智慧和語言為中心去量度天地萬物、仍在為了爭奪人魚作研究而鬥得你死我活時，他們遇上了人魚（書中也同時稱之為「水人」），才赫然發現自己不是全知全能的一群。

再讀此書是出院後的一年，我從遠處的岸邊眺望，不但看到人魚在極地的海洋中靜靜守候同伴，更看到人類坐在大鐵船上摩拳擦掌，幻想自己可以征服海洋，令一切臣服於自己的滑稽模樣。然後，我又想起排排坐在大廳中每一位的病患，她們的需要和心情，有多少被理解？

《華萊士人魚》
作者：岩井俊二
出版社：新經典文化

只要還有一個感動，只要還活著

我給徹底打敗了，先是看了《餘命 10 年》的電影，再買下了原著小說，接下來《只要還活著》不用幾個月便出版了，同樣很快便給我從書店拿下。從小就輕蔑流行小說，以為流行小說只是寫給時間太多、或者是生活太無聊、不肯活在現實中的人，結果我錯誤透頂！

小說的作者小坂流加未及等到增修版的《餘命 10 年》出版，便因不治的遺傳疾病──原發性肺動脈高壓症而過世。「作者在本書剛完成編輯時，因病情立即惡化，無緣等到作品發行而於 2017 年 2 月逝去。」這一句永遠刻在她的作者簡介裡， 38 歲的英年早逝。編輯部因著《餘命 10 年》的成功，懇求小坂流加家人，「如果還有其他原稿，請務必告訴我們。」結果，小坂的第二部、也是最後一部作品《只要還活著》得以問世。

不同於《餘命 10 年》，小坂流加沒有在《只要還活著》中把「視死如歸」的命定注入患上遺傳性心臟疾病的主角牧村春櫻身上，我想這大概是作者希望透過角色帶出自己對生存的盼望。

故事由春櫻的外甥、12 歲的千景掀開序幕：小男孩一直在校園被欺凌，決意尋死，但始終放不下最親愛的小春阿姨，因此他希望在死前為長年住院的春櫻姨姨完成心願，把那一封淡紫色的信千里迢迢的由東京送到大阪，完成姨姨的心願後，他也就安心告別短暫而痛苦的生命。

「我們結婚吧！」初次在大學學會活動上碰面，當牧村春櫻知道羽田秋葉的名字後，她立即向他求婚去。你會跟一個初次見面的人求婚嗎？而且原因是「銜接春天和冬天的，就是夏天和秋天。」更超乎想像的是牧村學姐是校園內的風頭人物，一直做著雜誌平面模特兒的兼職，怎麼會盯上平凡無奇的工學系學弟羽田秋葉？

而且，想跟一個人永永遠遠的走在一起，不是因為愛嗎？為甚麼是「春夏秋冬」？從那一刻開始，春櫻、夏芽、秋葉、冬月四人因著名字上的因緣，交織出一段親情與愛情、保護與傷害、取捨與遺憾的故事。

愛上一個人總會讓自己變得傻痴痴，恨不得一夜之間讀懂他 / 她的一切，在自己的腦海中製造最貼近他 / 她的場景。因著春櫻的執著、倔強和堅持，她厚著臉皮忍耐著秋葉的萬般拒絕，一有空便到圖書館等秋葉下班，決意要深入秋葉的世界，讀他喜歡的書。只喜歡看少女漫畫的她，在第四次從圖書館借來秋葉最喜歡的《銀河鐵道之夜》後，終於能把整個故事讀完，其實宮澤賢治這個短編故事也不過兩千多字罷了，這更可想像春櫻是多艱苦才逼迫自己把故事讀完，但我知道這種困難對她來說是甜絲絲的。

記得在中學年代，我當時暗戀的老師正在追看一套主角患絕症的愛情類日劇，明明是老土得要命，但世界上有比單戀更傻的事嗎？我立即央求朋友把這套電視劇的影碟借給我，但我想大概是我愛得不夠徹底吧，結果整套七、八隻光碟原封不動，至今我仍不知道那是一個怎樣的故事。

由憎厭抗拒到纏綿相愛，到戲劇般的悲劇突變發生，最後感情悄然地無疾而終，牧村春櫻對羽田秋葉的堅持，究竟經歷了多少波折？一晃眼七年過去，千景憑著信封上的地址來到陌生的國度，把秋葉叔叔給找出來了，後續又會如何？

《只要還活著》
作者：小坂流加
出版社：尖端出版

也許作者用上千景這個名字，就是要讓我們知道生命有著千百樣的風光。經歷千迴百轉，千景終於知道「只要活著，就會得到別人的感謝。」「只要活著，就能交到新朋友。」只要活著……只要活著！也許春櫻就可以等到一顆適合移植的心臟，也許春櫻跟秋葉就可以遇到在《銀河鐵道之夜》中喬凡尼所一直要找尋的真正的幸福。

而我，就在這裡開始踏進到一個嶄新的閱讀世界：小說，一個可以讓我逃避世俗煩憂的國度。

《餘命 10 年》的小說版跟電影略有不同，大致是講述 20 歲的茉莉罹患罕見疾病，被宣判只剩下十年的壽命後所面對的人和事，也許主角的故事就是作者小坂流加的寫照。

只要相信：一個人的朝聖

第一次讀完《一個人的朝聖》這部小說時，我覺得故事開展得有點荒唐：65 歲的英國老人哈洛，收到 20 年沒見的老同事昆妮寄來的道別信，在毫無計劃和準備下，穿著恤衫、西褲、帆船鞋，打著領帶，決定開展一趟 500 公里的徒步旅程：從南得文郡一直往北走到最東北的伯威克，拯救癌末奄奄一息的昆妮。

這有可能嗎？雖然是小說，但情節也要合乎常理吧！莫說是沒有裝備和計劃，以哈洛的年紀，這樣的故事設定實在荒誕，為甚麼有車不搭？行路可以幫人治病？或許，大家一定會像莫林（哈洛的妻子）和我當初想的一樣：故事的核心一定是哈洛與昆妮的關係吧！他們有不可告人的秘密？二人關係非比尋常？

人在軟弱的時候需要信念。

哈洛一生之中只打過一份工，當了 45 年的酒廠銷售代表。哈洛與莫林自年輕相遇後，對彼此的愛從來沒變，只是獨子去世後，二人分房而睡，早已形同陌路。

二人婚後半輩子都住在同一個地方，在鄰人的眼中是一對平凡的老夫妻，在家門背後隱藏著的，卻是兒子自殺去世後，二人支離破碎的關係，生活早已索然無味，剩下的只是一日三餐和各自的日常習慣。

昆妮的來信，為哈洛與莫林枯燥的生活掀起波瀾。「你必須相信一個人可以好轉。人的心裡有太多我們不明白的事，可是，你要知道，只要你有信念，你可以做任何事。相信你不知道的，並且去追尋他，要相信你可以使事情有所不同。」加油站女孩脫口而出的隨心話，對哈洛猶如當頭棒喝，哈洛相信昆妮一定會等他！

後來，電影《一個人的朝聖》在香港上映，一幕幕的哈洛之旅再次呈現在我眼前，我終於明白，除了信念，旅程中哈洛遇上的每一個人、經歷的每一個難關、甚至在65 年的人生中的得失成敗、高低起伏，也影響著他的每一個抉擇，哈洛的旅程比現實更真實。

現實不是童話故事，哈洛不是如有神助般完成這次長征。旅程中段，哈洛的「救人之旅」意外地成為網絡熱搜，希望跟隨哈洛「朝聖」的人愈來愈多，他們奉哈洛為領袖，穿上特製的「朝聖者」隊衣，沿途浩浩蕩蕩，紮營生火。漸漸地，哈洛由最初的得意忘形到後來感到迷失：自己究竟在做甚麼？原本一天可走完的里程現在三天也走不完，昆妮還健在嗎？

電影看完，我把這部小說再讀一遍，原來人生從來沒有太早或太遲，最好的時刻就是你下定決心的時候：有人中六才發奮讀書、有人 50 歲才轉職創業、有人 70 歲才當模特兒、有人 80 歲才開第一次個人畫展。最重要的是只要你一啟程，周遭的人、事、物便會慢慢為你引路，你一定會在旅程中遇到與你相知相惜的同路人。

自療小筆記

年紀輕輕的學生們時常苦惱人生經驗淺、缺乏寫作靈感。要豐富自己的人生經驗豐，閱讀是一個很有效的方法。我當然明白學生們的課業超級忙，折衷的辦法可以是閱讀一些有質素的書評文章，不但可以作為寫讀書報告的參考，也可以更快地了解不同書籍的內容重點，有興趣的才深入閱讀。我的《小情書》和《小情書 2》裡面有不少書評文章，同學們可以看看啊！（笑）還有，閱讀不一定要完成整本書，能完成當然好，但只選自己有興趣、喜歡的篇章去讀，又有何不可？

《一個人的朝聖》
作者：蕾秋．喬伊斯
出版社：馬可孛羅

小魚、Mocha、Biiru

媽媽說，我們小時候在慈雲山屋邨的家裡曾經養貓，那時候養貓，因為慈雲山老鼠多，家貓真的會捕鼠，媽媽見過貓兒叼著老鼠在口中，之後她怎樣處理就不得而知了。大概那時候我年紀還很小，甚至還未出生，我對慈雲山家中的貓咪沒有甚麼印象。

貓咪當然可愛，但養貓是一輩子的責任，一旦把牠領回家中，就要養牠到終老。大學的時候，朋友的家貓生了一胎多隻小貓，原主人養不了那麼多，要把其中幾隻送人，那時候我們一家已經搬到新式的 Y 型公屋，家裡沒有老鼠，頂多是偶爾會有蟑螂或者檐蛇到訪，不知道當時媽媽為甚麼會答應可以在家養貓，總之最後，我們領了兩隻貓咪，我為其中一隻起了名字，叫「小魚」，另一隻的名字是大家姐取的，叫「Mocha」。「小魚」的尾巴最後一節是歪的，估計是出剛出生時弄壞的；「Mocha」的膽子很小，牠們是兩兄弟。

兩兄弟輾轉在我們的家生活了十多年，跟過大家姐、二家姐和我。我居無定所，兩隻貓曾經跟我搬過幾次家，由天水圍到荃灣再到慈雲山，多年以後，牠們先後在二家

姐家中回到喵星，過世時已十七、八歲，相當於八、九十歲的老公公了。從小就跟著我們的「小魚」和「Mocha」是黃白色的短毛家貓，雖然說不上是親近人的貓咪，但抱抱摸摸，無任歡迎。還記得「小魚」小時候，貓毛蓬蓬鬆鬆的，只有一隻手掌大小的牠老是追著我的腳，一摸起來就會伸爪，尖尖的指甲爪在腳背上，又痛又癢，還怕不小心會踩到牠。

有貓的時候很幸福，單是觀察牠們吃喝拉撒睡，抱抱牠們拍拍照，摸摸牠們看牠們陶醉的樣子，已足夠我樂上半天。餵食、鏟屎、剪指甲、看醫生、餵藥，每一項任務都是責任、每一項都是挑戰，當貓奴經年，雖說不上優秀，但總算能駕輕就熟的服侍得主子妥妥貼貼。

轉眼沒有養貓也將近十年，搬進村居的我，終於有條件提供貓貓一個像樣的家，硬件有了，而在心理上，我也覺得自己有能力照顧另一個生命了，因此，一向坐言起行的我，很快便迎來了一位主子。牠說想在我的書上寫幾筆，我當然欣然答應（其實是不敢不從）。

// 大家好，我叫 Biiru（音 bì-lù），暫託姐姐話因為我啲毛毛係啤酒色🍻，所以就用咗日文啤酒 Biiru 做我個名喇！

2024 年 1 月尾正式入主小書嘅屋企，成為呢個家嘅主人。唔好睇我咁大隻，其實我都係一歲幾喵咋，義工姐姐執咗我同另外幾隻浪喵返嚟絕育放回，最後都有人收養咗大部分貓，唯獨剩低我……

點解？可能係因為我比較怕人，一有人類靠近，我就會「哈氣」同「嗚嗚」聲，想摸我都唔係咁易。我俾人摸嘅時候會驚到震，有時仲會開口咬摸摸人嘅手手，不過我無出盡全力咬㗎，只係用 60% 力，嚇下啲人類啫！（奴隸小書補充：2024 年 2 月中，我就被 Biiru 狠狠咬了一口，左手手背留下兩個平衡的小孔，微腫瘀痛。）

最近我俾人收養咗，收養我嗰個人好似叫小書，佢買咗間三層高嘅大屋畀我，但頭兩日我都

好驚，keep 住瞓喺屎兜（貓砂盆），佢都有摸我嘅，我都算配合㗎喇，只係咬咗佢兩啖；佢成日對住我唱歌，其實歌詞來來去去都係我個名「Biiru ～ Biiru ～ Biiru ～ BBBBBBB Biiru」，究竟佢想點？

頭先佢又買咗啲玩具返嚟喇，佢遞個玩具畀我，又攞一支有玩具嘅棒棒喺我面前擛嚟擛去，我梗係唔理佢啦！想同我玩？真係唔好意思，本喵比較文靜，鍾意自己一個，通常我都係等啯個小書瞓咗或者出咗去先會跳跳跳、玩玩玩、食食食、屙屙屙。

呢呢呢， 啱晚我就食晒成兜乾糧同飲晒成兜水，仲屙咗三粒屎㖭～爽！

希望今晚佢早啲瞓，等我有多啲時間自己玩啦！//

請見諒，主子 Biiru 只懂人類廣東話口語，日後我會好好教牠。

同樣是流浪貓，每一隻的經歷都有所不同，絕不能一概而論；沒有任何生物喜歡被困籠內，但在適應期，貓窩、籠子都是提供安全感的依靠。沒有人知道 Biiru 獲救前的經歷，我們都只看到牠被救後的行為：十分怕人、畏縮、對人哈氣、會出口咬人、會用假動作嚇退嘗試接近的人類。我沒有很多、很豐富的養貓、救貓經驗，但從 2024 年 1 月 30 日 Biiru 到我家後的半個月，我觀察到 B 叔叔（貓奴總是喜歡為貓咪亂起暱稱）一點一點地在轉變、在適應：

1. 有固定的、可預期的行為日程（當我返回房間或外出時，Biiru 便會出動、晚上吃罐罐、如廁非常整潔，但有時會把玩具送進貓砂盆內！早上七時前會自動由頂層的貓籃返回底層的貓窩，因為牠知道我會大約在這個時候起床
2. 我在客廳工作時，在籠內的牠會暗中從背後觀察我
3. 牠會蜷成一團的睡覺，這是貓咪相對放鬆的表現
4. 喜歡舔毛，清潔自己的身體
5. 不挑食，而且食量也不少（之前暫託姐姐說 Biiru 的食量很少）
6. 是一隻活潑貪玩的貓小孩

我當然希望 B 叔會逐漸放下對人類的戒心，但目的不是因為我要快點親親、抱抱牠或跟牠拍照「放閃」（當然我想親牠啊！），而是因為我知道長期處於緊張及焦慮的狀態，絕對有損貓咪的生理健康。

其實我一點也不著急，不著急 B 叔可以在幾個星期、

甚至幾個月內變成大家在社交媒體上見到的、親人的貓咪；就算牠終其一生都是生人勿近，我也會覺得牠很可愛。

曾經也有想過，要怎樣怎樣 B 叔才會那樣那樣，但後來想清楚，我想怎樣怎樣，就是代表是 B 叔想要的嗎？

每一隻喵都有牠的經歷、都有牠的性格、都有牠的堅持；人類的聰明、能幹、經驗，可能只適用於人類的世界，這，又讓我想起《華萊士人魚》。

小書又何嘗不是一個需要很多獨處時間的宅女呢？

現在，我就要向 B 叔學習，盡量了解牠想要的。

自療小筆記

「小確幸」意指生活中「微小但確切的幸福」，出自日本作家村上春樹。

Biiru 不是一隻親近人的貓咪，大概是獲救前遇過很壞人類，讓牠對人形物體有極大的恐懼。但牠其實有很多優點，例如不會挑食，不論任何品牌的乾糧和貓罐頭都無任歡迎。雖然我要透過監控鏡頭才看到牠調皮活潑的一面——自顧自的在玩貓玩具、追逐滾動的小球，牠的這些可愛的小舉動，足以令我樂上半天。

我想這就是我從 Biiru 身上找到的小確幸吧！

你的垃圾，訴說著你的人生：從台灣的垃圾車文化看《中年少女的祈禱》

文化差異，鬧出了一個笑話：我所想的「少女的祈禱」是 2000 年香港歌手楊千嬅紅透全城的粵語歌，台灣書籍《中年少女的祈禱》大概是關於中年女士的生活故事，而我想像中的「中年」是指四、五十歲吧！

結果……

這裡的《少女的祈禱》是波蘭女鋼琴家巴達捷芙斯卡（Bądarzewska, 1838–1861）於 1856 年創作的世界知名鋼琴小品，樂曲表現了一個純潔少女的美好心願。而書中的「中年」，只是一位三十多歲，身體老化了卻依然保持著少女心，提早感受到中年危機的姑娘。

不不不！不是你想的那樣，這本書不是關於音樂藝術，也不是怨天怨地控訴社會不公不義的女性小說。

放棄便利店主管工作的機會，故事的女主人翁勤芬當年嫁給愛情，當了八年家庭主婦，全心投入照顧兒子、料理家務，然後迎來丈夫家祥的嫌棄：產後發胖、忙於照顧小孩疏於妝扮、成了家祥口中的蛀米蟲。為了爭取兒子的監護權，薪高糧準福利好的清潔隊員成了勤芬的目標，母愛對孩子當然重要，但畢竟要有穩定的工作，才能說服社福人員，讓法官知道起碼孩子不用捱餓。

為甚麼是清潔隊員？根據台灣勞動部 2023 年的調查，台灣大學畢業生初入職平均薪金為 3.3 萬台幣，研究生畢業則是 4.9 萬台幣，一般便利店員的月薪大約在 2.8 萬台幣。清潔隊員隸屬環保局，在很多人眼中是厭惡性工作，如駕駛垃圾車、資源回收車和收垃圾，可領近 4 萬元台幣的薪水，而且好歹也是鐵飯碗，況且勤芬就是由當清潔隊員的父母養大，大哥也在隊中工作，不就是因利乘便嗎？

話雖如此，小說中勤芬面對的競爭跟現實中一樣激烈。我查一下資料比對，2023 年桃園市環保局招考清潔隊員，4,145 名考生中有 63 人是碩士，男女報考比例約三比一，錄取率只有 11%。勤芬不但要鍛煉體能，以應付負重折返跑的考驗，更要熟讀資料應考筆試，真心不容易！勤芬能考上嗎？就算考上了，多年沒工作的她重返職場，碰到的人和事肯定難纏，她又如何面對這千百萬個難題？前夫會輕易放過她嗎？孩子的意願大人會理會嗎？

在香港，大部分大廈每個樓層都有垃圾收集箱，清潔工每天逐層收垃圾，我們丟垃圾是一項隨時可以輕鬆處理的雜務（垃圾徵費實行後就另作別論了）。但在舊式民宅矮樓林立的台灣，加上配合垃圾分類政策，居民要在特定時間自行把垃圾丟到垃圾車上，可回收的則要分類等候資源回收車收集，逾時不候。台灣垃圾車沿街收集垃圾時，就會播放《少女的祈禱》和《給愛麗斯》（是貝多芬的樂曲，與陳奕迅無關啦），兩首經典曲目提醒居民抓緊時間倒垃圾。

在小說中，收垃圾可以飽覽眾生百態，勤芬透過日復一日捕捉到的畫面，拼湊出他們私底下的生活習慣（不要想歪，她沒有翻人家的垃圾啦）。每天與勤芬在住宅樓下相遇的人，在打過照面的一瞬間有著千百個不同的故事，縱使一樣米養百樣人，各人互相交換經歷，刷新對人生的看法，拼湊出不一樣的故事。

　　故事中有老掉牙的團圓情節，也有出乎意料的轉折，最讓我感動的，是勤芬最終投入新的人生目標，領悟到要按照自己節奏，不為別人而活，接著要過的是一趟忠於自己的人生。

《中年少女的祈禱》
作者：海德薇
繪者：于小鷺
出版社：玉山社

自療小筆記

　　想一千次，不如去做一次；華麗的跌倒勝過無謂的徘徊。

　　如果你看到面前的陰影，別怕，那是因為你的背後有陽光！

領養

因著過去養貓的經驗，兩隻小貓在一起，可以有個同伴，也因著 Biiru 的情況，我希望另一隻小貓可以用牠們共通的語言感化 Biiru，讓牠知道人類並不是每一個都可怕。於是，我又踏上尋貓之旅，在社交媒體上流連，看看等待被領養的貓咪。

領養寵物當然是一件好事，有很多有愛心、無私奉獻的寵物義工。我積極找尋可領養的貓咪，輾轉之下相約了一位獨立貓義工（說「輾轉」是因為社交媒體上發文的人說她只負責轉發帖文，要領養相片中的貓咪，就要聯絡帖文的原作者）。當我找到原作者後，她說貓咪不在她家，而在另一個義工那兒，於是她開了一個包括兩位貓義工和我的三人通訊群組，在對話中，另一個義工說貓咪在她的倉庫，在新界非常偏僻的地方，她建議我們可以約好在市區一個地點，然後她駕車載我去看貓，回程時會在粉錦公路讓我下車，我自己搭巴士回家。約好時間後，我跟朋友說很快就可以看貓了，但朋友覺得我一個獨自赴約太危險，朋友提議在他有空的時候載我去義工的倉庫看貓。於是我跟貓義工改期，說我的朋友會駕車送我去看貓；到了約定日期的前一天，我在群組中問貓義工：

「明天我會同朋友揸車入嚟，想問具體地址係？15:15 到可以嗎？謝謝」

「可以；嗰度真係有啲難度，你哋唔識行，不如你朋友先入嚟我度，我帶路好嗎？」

「我畀我呢度個地址你好嗎，到時車埋我過去，連埋我條佬就兩位，如果唔夠位我自己一個帶你哋入去。」

「我問問朋友。」

因為車不是我的，我要尊重朋友；一問之下，朋友真的不想載一些陌生人，而且他也感到奇怪，為甚麼不可以直接把倉庫的地址給我們呢？

最後無可奈何，我回覆：「唔好意思，我朋友唔得。我要先再看看可否安排，十分抱歉。」

如是者，獨立義工在群組內質問我：

「你朋友聽日唔得？」

「請問你會唔會再約睇貓？又話今日下午睇貓。冇晒下文？」

最後，無奈的我回覆：**「不會了，抱歉打擾，謝謝。」**

「浪費大家時間😡😡😡😡」這是獨立義工的回覆。

我不會再回覆她們的訊息了，她說得對，「浪費大家時間」，是我們三人的時間，是等待被領養否則就會被原地放回的貓咪的時間。

在約時間之前，她們在群組中問了一連串問題，我將問題原文照錄，而我也有一一回覆，過五關斬六將後，亦有告知她們我早前領養了 Biiru：

之前有冇養過貓？
屋企全屋有冇裝窗網？
窗網係咪有鎖？
啲家仲有冇養？
可以家訪？
住邊區？
可以拍片影屋企環境畀我望下嗎？
屋企有咩人住？有冇小朋友 / 老人家？
係村屋？出露台有冇蚊網？
可以幾時睇貓？星期一至六要夜晚七點後
星期日基本上全日都可以

還有她們很多用語音訊息提出的問題，恕未能盡錄。

我絕對明白以上都是有需要的，而我亦由原本跟很多卻步的人一樣，抗拒被陌生人家訪，到終於說服自己可以讓陌生人到訪我家（領養 Biiru 的時候，義工及她的朋友就有到我家做家訪，過程十分順利愉快）。

但我也會、也需要為自己的安全作考慮：一個不可以說出地址的倉庫，不論是我一個人去，或是跟朋友去又要載你＋「條佬」，但同樣是不能透露地址，只能由她引路。

我信每一次相遇都是一種緣分，是命中注定的。

這次我跟那隻貓咪緣分未夠，希望牠可以找到有緣人，有溫暖的家。

自療小筆記

「到哪都躲不掉五百磅重的屎等著你。重點不是遠離屎，而是找到你樂於打交道的屎。」這一句出自馬克曼森（Mark Manson）的《管他的：愈在意愈不開心！停止被洗腦，活出瀟灑自在的快意人生》

有人不理解你很正常，不要作太多解釋，畢竟「不理解」那是他的事，不是你的事。

「管他的」！屎到處都有，要不踩在它上面，要不跨過它！你選哪樣？這一句出自香港作家小書（笑）。

妹妹到家

妹妹原名美美，2024 年的農曆新年過後來到我家。

美美尋家

美美係一隻所謂有主人
而從來亦得不到愛的放養貓
食的是主人吃剩的廚餘
幸好有好心村民幫忙補給餵食
期間亦多番勸喻主人必須為美美
做絕育
幾經波折之後主人終同意我們為
美美絕育並決定交美美給我們
為美美尋家
美美約 1.5 歲 好乖 愛討摸，
唔搗蛋，亦可剪指甲
也合新手家庭
有意約見可 pm 本人
領養必須家訪，裝有穩固窗網，
承諾不離不棄終身陪伴

這次我能否順利把美美領回家呢？在帖文留言後，Biiru 的暫託姐姐告知，原來拯救美美和 Biiru 的義工是

同一人，而且牠們是來自同一條村的「街坊」！我確信這是不可多得的緣分，於是很快就約好農曆新年之後到村裡的一所車房看美美。

美美寄居在車房辦公室內一個三層高的大籠，親人的她喜歡讓人按摩搔癢，發出咕嚕咕嚕的聲音。一歲多的美美並未絕育，已經是五孩之母，五個貓寶寶斷奶後已全部被人領去，只剩下美美。我感到很詫異，為甚麼義工會忍心讓牠們骨肉分離？曾經在網上看過資料，說如果真的要送養貓寶寶，最少要留下一隻在貓媽媽身邊，否則牠會因為失去寶寶而感到失落。當我問義工美美所有寶寶被送走後，她不會傷心嗎？義工說美美沒有感到難過，還是一貫的平靜。我滿心懷疑，但她們畢竟照顧了美美數個月，我還是把心裡的疑惑吞回肚中，眼前最重要的是順利把美美領回家。

一個星期後，三位義工帶同美美家訪，在一個小時的安頓與傾談後，小書迎來了家中第二隻貓咪。義工說其實美美不知道自己叫美美，而她們也沒有叫過她美美，只是為了方便，所以在領養的帖文用上這個名字。所以後來，我就為她取名妹妹，希望牠知道我會把牠當成小妹妹一般愛護。

接下來仍有很多挑戰，包括帶妹妹去做絕育手術、令 Biiru 與妹妹成為相親相愛的家人、讓 Biiru 知道有很多人類是善良的。

貓咪的壽命一般是 12 至 18 年，如果悉心照顧，有些貓咪更可活到 20 歲。根據健力士世界紀錄，現時全世界仍然活著的最長壽貓咪名叫 Flossie，1995 年出生的牠雖然視力不佳又失聰，但能活到 28 歲（相當於人類 120 歲），經歷過四任主人，實在不簡單。

不知道這兩隻曾經的流浪小貓可以活多久，但願我有足夠的時光，可以飼養牠們終老。

這就是妹妹了

自療小筆記

說時遲，那時快，此書出版之前，我已經領養了第三隻貓咪——罐罐。因為流浪，所以罐罐要到處覓食，幸好有好心人不畏風雨，定時餵食。但一天，一個大意的好心人把拉開的貓罐頭直接放在地上，餓了幾天的小貓埋首罐中拚命吃個飽，卻被罐頭鋒利的金屬邊緣刷傷，面頰兩邊留下兩道弧形的血痕，獲救後，貓咪得名罐罐。

著名的聖嚴法師曾說過：「慈悲要有智慧同行，缺少智慧的慈悲，很可能自害害人，雖然存好心，卻做了錯事、害了人。」《108 自在語》，這的確是很重要的提醒。

愛自己、愛自己、愛自己

對上一次檢查是 2023 年 7 月 31 日，報告結果一切正常（耶），但我的腫瘤科主治醫生告知，他要移民了，下一次我要去看的，會是另一位醫生。對於病患來說，主治醫生不能繼續為你診治，是一回大事。

還記得頭幾次術後檢查（每隔兩至三個月左右一次），在等候見醫生和看報告結果的時候，心情沉重又緊張，會復發嗎？復發了怎麼辦？

「二〇二二年二月下旬，疫情就像癌症一樣，沒有預期的無情地發生：誰想到這陣子會迎來來勢洶洶的第五波疫情？誰想到這幾天香港會冷得只有八、九度？雨連續下了數天，沒有停止的跡象，陰冷的空氣從窗、從天花、從門縫拼命擠進房子，想取暖卻不知道裡面比外頭更冷。

對上一次到腫瘤科 R 醫生覆診的時候，我問醫生完成電療後要怎樣？他說按我的情況，約兩個月後要去做一次磁力共振，然後每半年檢查一次。如果復發，最大機會會在頭一、兩年發生（這麼快？！），很大機會是原位復發（又在頭內！？），只有一成的機會會轉移到肺、肝等地方（我應該高興嗎？）。如果復發呢，我要怎樣？醫生

說：「再切再電。」很清晰，清晰得我拒絕接受。」（《小情書 2》頁 123–124）

「磁力共振掃描檢查報告第二天便出爐，R 醫生把掃描的底片放上白色燈箱上，用筆指著在底片中右邊牙骹的位置，『情況很好，除了電療後裡面的傷口有發炎的情況外，癌細胞已經看不到了，因為如果是癌細胞的話，腫瘤會在照 MRI 時所注射的顯影劑下無所遁形。』我頓時鬆了一口氣，然後覺得右邊牙骹隱隱作痛。原來傷口一直在痛，但急促的生活早已替我把痛楚麻痹。」（《小情書 2》頁 149）

未知，總令人憂愁。往後，檢查的間隔大約是六個月左右一次。

如果復發，會是原位復發？還是轉移到別處？任何一種情況，我都不希望發生。復發可能在幾周、幾個月甚至多年後發生，醫生能做的，我能為自己做的，是檢查、及早發現，然後處理。

害怕、擔憂與焦慮的情感，隨著急促的生活步伐漸漸冷卻，但有時又會在靜謐無人的時候突然襲來，結果，它們統統都化成縈繞不散的壓力，不斷的累積……

在處理原有生活中大大小小事情的同時，在有限的時間當前，我必須重新學習以另一些方式過自己的生活，重點是愛自己、愛自己、愛自己（重要事情說三遍）、活得有意義、活得快樂、活得輕鬆。但，在生存與生活之間取得自己最自在的平衡，談何容易？

慶幸在最近半年的日子裡，我總算愈來愈活得自在：不慌不忙、不卑不亢、不緊不慢、不屈不撓；接受不代表妥協，轉身不代表放棄。

我更珍惜每一次相遇、珍惜每一個機緣、珍惜每一個當下，原來我早已活得此生無憾。

自療小筆記

「逃避可恥但有用」是很精警的一句，適當的逃避是讓自己重新整理。身兼多職的我當然有面對壓力的時候，最常見的壓力來源就是「趕死線」：計劃書、報價表、講座簡報、寫稿、公司報稅表、大大小小的賬單等，恐怖之處是它們總喜歡約定一起向我襲來！在面對巨大壓力時，我先會深呼吸，然後抽20至30分鐘時間讓自己放空，做一些完全與壓力來源無關的小事情：例如面對客戶的催促，我不會立即埋頭去做計劃書，而是坐下來喝喝咖啡、看一些輕鬆的書如繪本、圖文書、漫畫，讓自己平靜下來，慢慢進入狀態，然後再集中精神工作，這樣便會事半功倍。

此處收不到訊號

Over Over，小任、奶奶和老爸都當機了。

《此處收不到訊號》是一本寫照顧者的小說，話題沉重，但作者淩明玉想要讀者看到的不是社會悲歌，她精闢的比喻──「吃了抗抑鬱藥鎮日昏昏沉沉，像是隔著果凍在看外面的世界」、不經意的幽默──「小孩腦袋裝的都是零食，玩具和屎」，以及節奏明快的情節推進，讓整個故事滿喜感和盼望。

患有抑鬱症的廢青男主角小任今年 35 歲，失業。

「先生，你知道失業補助不能一直領下去吧？」就業輔助機構的公務員一貫冷漠，小任對此不以為然，他知道有些人總是靠批評別人的人生才能找到自我存在的意義。

突然，曙光乍現，小任有工作了，是一份由退而不休的爸爸委託的工作──回老家照顧患失智症的奶奶，包食宿而且人工可觀。從此，廢青有工作不再耍廢，不知兒子有抑鬱症的退休爸爸可繼續到社區大學兼職工作，看似一舉兩得，縱使小任亦不禁懷疑：一個病人來照顧另一個病人真的沒有問題嗎？

把在垃圾桶邊撿來的小貓帶回老家後，小任就開始新的工作：照顧小貓，也照顧奶奶。總是對生活提不起勁的小任勉強堅持把廢紙揉成紙球跟小貓玩玩；面對情緒變化莫測、身體狀況時好時壞的奶奶，總是對一切淡淡然的小任反而因此成了耐性十足的照顧者，抵住奶奶的打鬧，亦會把奶奶當成小女孩般哄哄逗逗，直到一天，小任驚覺原來照顧別人可以令他找到存在的意義。

故事就這樣大團圓結局嗎？非也！人生的考驗，總是出乎你意料之外。當小任覺得一切向好，自己終於有用處之後，爸爸失蹤了，手機、單車也在家，要照顧奶奶、小貓和自己，不能離家的小任怎樣找回爸爸？

向外求不得，小任闖進爸爸的書房，誤打誤撞下找到爸爸的網上日誌。

「……早在那個時候，父親四處神遊，如同打遊戲卡關，他不知該如何回血才有攻擊力，始終被困在同一關卡無法前進也無法後退，我卻不曾接收到他的求救訊號。」

小任想起爸爸在家雲遊太虛的情景，原來早發性阿茲

《此處收不到訊號》
作者：凌明玉
出版社：時報出版

海默找上了爸爸。這個突然出現的炸彈要怎樣拆解？

凌明玉的《此處收不到訊號》是神作：憂鬱症、認知障礙、早發性阿茲海默、因車禍驟然離世的唯二好友、似幻疑真的網上對象，究竟是誰照顧誰？看似絕望的一切是真的無法逆轉嗎？「回憶是一個人存在人間的必要嗎？」失去記憶就是失去一切？這本小說可以是一個答案、更可以是一個安慰。

自療小筆記

有說魚的記憶只有七秒，七秒之後它就不會記得曾經的事情，所有的一切又變成嶄新的開始。所以，在那小小的魚缸裡面，牠永遠興致勃勃，不會覺得無聊。

就算大雨讓整座城市顛倒，別忘了自己就是陽光。

數七秒，別忘了上面那一句，你可不是金魚啊！

我決定繼續走

在我最絕望、最低沉、最想尋死的時候，我都在臉書上發帖文，是求救？還是告別？

*2022 年 6 月 10 日：***「我覺得自己好垃圾。」***—— 31 個回應，節錄如下：*

千萬不要妄自菲薄！天生我材必有用！

No! U R Not! U've been doing a lot!

好的垃圾，有可再生♻的功能，咁你就要為自己加持，為地球🌍出一分力。加油！

我係垃圾下面嘅個垃圾袋（拍、拍）

我嚴重 D，係堆填區

LO LO, You can be golden! Diamonds!

*2022 年 8 月 20 日：***「如果這世界我消失了」***—— 8 個回應，節錄如下：*

You are here

You lived, you smiled

You are here

You did, you've done everything that you wanted

And it was more than you thought it would be

You will leave your mark so everyone will know

You are here

You've battled demons that won't let you sleep, but you overcome it

you called to the world but it like abandoned you.

But I hope you never give up

如果這世界你消失了……愛護你的人會很傷心；憎恨你的人會很高興，所以，還是不要隨便消失好了！

如果有這個如果，這個世界便會失色

*2022年12月11日：**「如何愛自己？」**——6個回應，節錄如下：*

找個超級有錢又對你好的裙底之神結婚去

哈哈！係裙下之神，唔係裙底之神🤣🤣🤣

① 愛身體，不被腦袋迷惑

前些天有人問我：「我腦袋很想看書，身體卻想睡覺，我該聽誰的？」

我的意見是聽身體的，因為想看書的只是腦袋中某個固執的念頭而已，而身體則是偉大存在的機器，愛自己要認識到念頭的虛妄和身體的真實。有時候遇到一個人，腦袋很興奮，身體卻感覺不舒服，注意了，這個人和你的關係最後一定會出情況，因為身體比腦袋更有智慧（愛自己，就離他遠點）。

② 放下抱怨和批判

懂些心理學或靈性的朋友都知道，無論我們對外界的人事物有多少批判指責，那都是源自內心對自己不滿的投射。同樣第一次見一個人，有人見到很開心，有人見到很憤怒，有人見到很害怕，還有人見到就想親她，為甚麼會如此，因為每個人都把自己內心的情節投射出去，所以心不同，感受就不同。當我們放下對外界的批判和抱怨，開始覺察自己的心中出現了甚麼時，我們便開始有了愛自己的基礎意識。

③ 像個嬰兒般活著

有一個一歲的孩子，她吃不到糖哭了。哭的好傷心，她媽媽給了她一個小玩具，她笑了，笑的好燦爛。嬰兒們和我們一樣有情緒，但他們有了就釋放，釋放完了就放下，而我們今天有個人罵了我一句，半個月後還在生大氣。愛自己我們就學學嬰兒吧，不在乎別人怎麼看我，也不在乎別人是不是開寶馬，就是單純的存在，單純的釋放情緒表達自己，單純的放下一切回歸自然。

④ 多關注心，少關注外界

過多關注外界的人，一定愛自己的會少；因為愛自己是心的事，當心一直在外尋找，誰來關注自己愛自己呢。往往喜歡名牌喜歡奢侈品的人，其實對自己的愛條件很多。愛自己，就收回對外界的關注，享受和自己獨處的時刻，珍惜看見自己的時刻，多和自己在一起，慢慢愛就開始洋溢。

⑤ 接納自己的不完美

這一點非常重要，很多人自喻很愛自己，然後說：「我的皮膚很白，我的屁股很圓，我的臉蛋很美，我的文化很高，我的老公很帥」，愛不是這個好，那個不好，愛是一如其是，愛是無條件的接納，如果有人發自內心告訴我：「我愛我自己，我皮膚不好，我屁股奇特，我臉蛋畸形，但我接受我的一切，我覺得無論別人如何看我，我感覺自己美就夠了。」此人，在愛自己。

⑥ 與高能量共處

這世界上任何東西都是能量，能量有高低之分，山水草木，古典優雅的書畫音樂，覺醒或自覺的人，善良的動物和影視作品都具有高能量，多與他們接觸，多融入自然和美中，能量高了自己就更好了。如果一個朋友每天在抱怨世界，責備老公，攻擊阿貓阿狗，那麼她的能量太低，你可以保留這個朋友，但建議不要經常見面。以免陷入負面能量循環系統裡。

⑦ 經常讚許自己嘉獎自己

今天有個人請你吃飯，你感謝他了，然後回家你有沒有感謝身體陪伴你出去吃飯，感謝自己的魅力吸引了這頓飯？我經常沒有，因為我總覺得要感謝別人，卻從不感謝一直陪伴自己的自己。如果有可能，記得每天感謝自己，讚許自己，甚至請自己吃飯送禮物給自己來嘉獎自己，很快，你就會發現，自己愈來愈美麗愈來愈開心了。

⑧ 做自己喜歡做的事

從心靈的角度看，做不喜歡的事是種壓力，做自己喜歡的事則是種動力。當壓力下做的事情多了，那麼這個人的內心一定有很多壓抑的能量。愛自己，在生存方式上來說，需要動力。也就是說，做自己喜歡做的事就是愛自己。

⑨ 作息規律化

這個誰都知道。反正吃飯，睡覺，工作等等要符合生態規律。

⑩ 懂得拒絕別人

上個月我遇到一朋友，他非常善良溫柔，可老婆要和他離婚，離婚的起因居然是他天天去外面玩遊戲，我問他是甚麼原因導致他天天到外面玩遊戲，他說他也不想去玩，可朋友叫著拒絕不了。後來我發現他在生命中曾經有過家人威脅他不聽話就拋棄他的經驗，所以潛意識裡討好人的念頭深刻而強大。

愛自己，就要聽從內心的聲音，不為了別人喜歡去勉強自己，懂得拒絕人也是愛自己的表現。

⑪ 不執著

我發現一個事兒；傷心的人，恐懼的人，憤怒的人，都是執著的人。不執著的話就讓那些傷心憤怒恐懼的念頭和情緒過去了，哪裡會糾結其中無法自拔呢。我還發現另一個事兒；喜歡爭辯對錯是非的人，往往比較執著，不執著怎麼會一定要證明自己呢。佛陀說：「一切有為法，如夢幻泡影，如露亦如電，應作如是觀。」一切都會過去，而生命永恆。真愛自己，那就少些執著吧。

（轉自：愛自己的十一個秘密）

*2022 年 12 月 31 日：**「2023 是我的末日」**—— 3 個回應，節錄如下：*

一個終結 另一個重生

由二三年開始有更好嘅生活等著你呀，一年好過一年，身體健康

2023 年 6 月 28 日

「怎樣活

都覺得自己不夠努力

怎樣活

都覺得自己像堆垃圾

垃圾」

── 4 個回應（留言不相關，在此不作紀錄。）

朋友會留言我不意外，意外的是我那當時只有十歲的姨甥 YY 都加入了留言的行列，他教我愛自己，把歌詞中的 "I" 變成 "You" 給我鼓勵，叫我不要放棄。

其實發帖文的那一刻我沒想太多，也許我的腦袋也不容許我思考太多，我只知道我想把話記下來，我想把痛苦和絕望寫出來，我想有人看到。朋友的回覆是短暫的止痛劑，但很快黑漆漆的濃霧又把我完全遮蓋。

「吃藥有用嗎？」前陣子你問我。

這是我服用舍曲林開始就一直思考的問題。由出院後到現在，我覆診的間隔由兩個月一次，到三個月一次，到現在四個月一次，我想這是病情的穩定和進步吧。

「你覺得呢？」我反問。

未等到你開口我就搶著說：「有用呀，你感覺到我現在每天都比以前快樂嗎？」我很喜歡現在的生活，每天都活在對生命的期待中，當然，生命不會是一個無風無浪、無憂無慮的童話，我仍然會擔心，擔心要否終身服藥？如果不吃藥是否會「打回原型」？

我決定下一回覆診時會問問醫生。

自療小筆記

告訴自己：我就是最好的！

一個人最大的悲哀，就是拚命想成為別人，卻不願做自己。或許你有很多缺點，但這並不影響你可以活得很好，命運已經安排了一個足夠好的自己給你，那些否定你的人，只有你自己。你應該接納自己、欣賞自己、豐富自己，因為你本來就很好。

給自己一個大大的擁抱吧！

小書與姨甥 YY

悟

2024年4月中旬的早上，出院後第六次覆診。我趁等待診症時的空檔處理一些可以在手機上完成的工作，耳邊一直傳來一位伯伯的吵鬧聲：「我由今日開始冇屋企㗎啦！」、「咁耐都未排到我」、「你識咩呀！」當中也夾雜一些粗言穢語，估計坐在他身旁的婆婆是他的太太，她對伯伯耐心又冷靜，似是早已對伯伯的謾罵習以為常，終於等到伯伯看診完畢，步履蹣跚的他忙於撐著拐杖，身後的婆婆趕忙為他披上風衣，是愛、是忍耐、是執子之手與子偕老。

見醫生的過程十分順利，順利到不用一分鐘便完成，下一次覆診是8月，四個月120多天的藥量，每晚兩錠，240多顆的舍曲林只需港幣15元，感覺我是個對社會有貢獻的納稅者。

今天覆診後，我把一張隨拍照片上載到社交媒體，照片上的建築物是東九龍精神科中心，點讚和留言的朋友都不多，最扎眼的是最後一個留言：「希望同你無關（愛心）」，看到留言的一刻我眉頭一皺，但很快便回過神來，這可是朋友對我的關心啊！本想回應些甚麼，最後決定等這本書出版後，送她一本。

曾經想過把我罹患抑鬱症的經歷以小說形式寫出來，跟這個仍被很多人忌諱和誤解的疾病與「小書」保持距離，要解釋創作原委也不難，畢竟香港的中小學生患精神病的數字在這年頭早已翻倍。但很快我便放棄了這個構思，我要跟大家坦率地分享我的故事，用文字的力量陪伴所有遇上同樣困難的人，路難行，但總會有辦法走過去的！

4 月初，我剛從尼泊爾回來，一個從沒想過自己會踏足的國家，就在一個突然出現的臉書帖文吸引下，我便決定跟隨我的尼泊爾頌缽老師和他的香港太太，還有另外 19 位我不認識的同學遠赴這個神秘的國度。

八天七夜的旅程，走訪十多個景點，難免是走馬看花，但如若感受是深刻的，哪怕只是短暫的時分秒，你也會不捨得忘記。旅程的第二天，我們到達納加闊特

（Nagarkot），這個位處首都加德滿都邊緣的小村莊，有著「喜馬拉雅山的觀景台」的美稱。我們落腳的酒店位處海拔 2,200 米的高山上，導遊告知明早的日出時間是清晨 5:58，絕對不容錯過。

沒有賴床，手機鬧鐘準時響起，簡單梳洗後立刻走到房間內的露台，太陽仍未破雲而出，只見雲後一片黃澄澄，眼睛固然忙碌，耳朵也被林中百囀千聲的鳥鳴弄得應接不暇。酒店獨佔那個山頭的最高處，放眼望去是一望無際、連綿不斷的喜馬拉雅山脈，緩緩升起的太陽就在我的正前方，而剛剛落下的月亮跟它遙遙相對，就靜靜的伏在我身後不遠處的天空中。

常聽到人類在大自然中渺小得微不足道，在宇宙裡更只是一粒微乎其微的塵埃，我那天就在納加闊特山上，面對浩瀚無垠的高山低谷，看到大自然如何能夠不動聲色地懾服人心。頓時間，我終於把世間的人和事都看得更透徹，除了活得健康、快樂、善良、真誠以外，其他一切的執拗紛擾其實都是雞毛蒜皮、都可一笑置之。

喜馬拉雅山脈上的日出

看著喜馬拉雅山脈吃早餐

自療小筆記

曾經到訪一間肢體傷殘特殊兒童學校，做童話故事分享的講座。該校不少學生每天都要吃藥，他們有時候會對此很抗拒，因此在答問環節有老師問我有甚麼方法好好面對，乖乖吃藥。作為一個每天都要吃藥的人（現在每天要吃六顆小藥丸），我也試過逃避吃藥，更會在心中不斷糾結：難道我要一輩子也吃藥嗎？我試過幾次偷偷地不吃藥，第一天很好，第二天也安然無恙，但到了第三天我便開始嚴重的頭痛了！久而久之，我便學乖了，把吃藥當作喝水一樣，人人每天也要喝水吧，對嗎？而吃藥的時候也一定要喝水吧。

後記

不經不覺，跟抑鬱症共存了一年多的時間（其實可能是更久）。

最近，就在最近，迎來出院後第一次復發，是啊，是抑鬱症，原來不只癌症會復發，抑鬱症也會。

但慶幸復發的是抑鬱症，不是癌。

心悸、難以呼吸、好幾個星期的情緒低落（有想到原因的、也有找不著原因的）、坐著坐著會掉眼淚（我不是一個易哭的人）、不想外出、又想到要死亡、頭痛、焦慮，那熟悉的情況，一一回來了，我立即撥打電話，要求提早覆診。

總會、總會、總會有人說：「心情唔好都要睇醫生？唔係吡！」、「係唔係M到呀你？」、「睇開啲啦你！」、「你唔使憂柴憂米，都唔知你乜嘢唔開心。」、「我見你噚日先做完講座咋喎，好精神，唔似有病喎。」、「我慘過你喎。」、「身在福中不知福啊你。」

如果你會這樣說或者有這樣的想法，我祝福你在遇到困難時不會遇到落井下石的人（笑）。

公立醫院的精神科很好，如果有突發狀況，可以安排提早回診，而我應該是被幸運之神眷顧，電話接通的翌日就見到醫生，說明情況後，醫生為我加了新藥。因為之前開的安眠藥效果不佳，吃了幾次後已經沒有再吃，所以醫生開了一種助眠的鎮靜劑，但有機會成癮；醫生同時開了另一種抗抑鬱藥，說如果再增加一直服用那一種的份量，副作用可能更多。

新增的藥是 Remeron，主要用於抗抑鬱，副作用是便秘、口乾、嗜睡、體重上升等（又要變肥肥了，笑）。難怪吃了新藥之後，睡了很多，很好。

在昨天的作家講座中，有同學問到我出書是有特定的主題，還是想到甚麼就寫甚麼，我拿《小情書 2》為例，我把患癌的經歷記錄下來，是希望同樣面對癌症或人生中不同難關的人知道，可以怎樣面對逆境，也讓他們知道在世界的某一個角落，有人同樣面對困難，他們如何成功走出困境，為他們帶來一點希望。

朋友們，請不用擔心，最黑暗的階段，我已經熬過了，再黑暗的時候，我都會努力面對。

我把面對抑鬱症的經歷寫成了書，為的是希望讓更多人知道：

抑鬱症是有藥可醫，不是不治之症；

抑鬱症是生理疾病，不是單純的「心情不好」、「無病呻吟」、「多愁善感」；

抑鬱症不可怕，可怕的是那些不嘗試去理解的人。

引用新書中其中一句：「除了活得健康、快樂、善良、真誠以外，其他一切的執拗紛擾其實都是雞毛蒜皮、都可一笑置之。」

工作繼續、休息繼續，一切如常。

感謝成就這本書的每一位，你們讓我成為更好的自己。

我愛你們每一位。

特別鳴謝《溫暖人間》提供照片。

自療人生——勇敢面對直到看見希望

作者：小書
編輯：田佑珍
美術設計：Patrick@SunCreative

出版發行： 一代匯集
九龍旺角塘尾道 64 號 龍駒企業大廈 10B&D 室
電話：2783 8102
傳真：2396 0050
電郵：gcbookshop@biznetvigator.com

印刷：新設計印刷有限公司

ISBN: 978-988-77737-1-9
初版：2024 年 7 月

Published and Printed in Hong Kong